BIM技术在装配式桥梁施工中的应用

王　成　马莲霞　编著

上海交通大學出版社
SHANGHAI JIAO TONG UNIVERSITY PRESS

内容提要

BIM 技术是建筑业和工程行业不可或缺的部分，通过智能识别、三维模型建模等技术，实现智能化建筑。BIM 的范围众多，本书主要针对道路和桥梁，探索将 BIM 技术融合机器视觉、自然语言处理等人工智能技术应用于装配式桥梁施工中，对桥梁进行预制构件质量检测、施工质量监测和施工进度监测。本书主要内容包括 BIM 基础理论及应用、预制构件精度分析方法、施工质量监测方法研究和施工进度监测方法研究。书中涵盖了大量典型的项目案例，实战性较强，有较高的应用价值。本书可供道路与桥梁工程及相关专业的科技人员参考，也可作为高等院校公路工程、桥梁工程等专业本科高年级学生和研究生的教学参考书。

图书在版编目(CIP)数据

BIM 技术在装配式桥梁施工中的应用 / 王成，马莲霞编著 . — 上海 : 上海交通大学出版社，2024.3

ISBN 978-7-313-30362-2

Ⅰ . ① B… Ⅱ . ①王… ②马… Ⅲ . ①装配式梁桥 – 桥梁施工 – 计算机辅助设计 – 应用软件 Ⅳ . ① U448.21-39

中国国家版本馆 CIP 数据核字 (2024) 第 052747 号

BIM技术在装配式桥梁施工中的应用
BIM JISHU ZAI ZHUANGPEISHI QIAOLIANG SHIGONG ZHONG DE YINGYONG

编　　著：王 成　马莲霞
出版发行：上海交通大学出版社　　地　　址：上海市番禺路 951 号
邮政编码：200030　　电　　话：021-64071208
印　　制：定州启航印刷有限公司　　经　　销：全国新华书店
开　　本：880mm×1230mm　1/32　　印　　张：6
字　　数：122 千字
版　　次：2024 年 3 月第 1 版　　印　　次：2024 年 3 月第 1 次印刷
书　　号：ISBN 978-7-313-30362-2
定　　价：68.00 元

编写委员会

陈　伟　王鸿锴　张旭昌　蒲荣泽　武新成　何　蓉
杨秋菊　李宏亮　张银博　岳锡颖　辛　军　张　铖
段　婷　吴建明　施　军　李耀业　周　涛　陈　芳
骆丽珍　潘明江

前 言

随着“一带一路”伟大事业的持续推进，我国的桥梁建设事业迅猛发展，桥梁总数一步一步走向全球前列。在国内整个桥梁建设中，中小型跨度桥梁已超过90%，城市交通中中小型跨度的桥梁所占比重更高。在此背景下，如何高效优质地构筑桥梁，已经成为当今社会面临的紧迫的挑战。

装配式桥梁作为一种新兴的构筑桥梁的形式，越来越受到行业的重视，而。建筑信息模型（Building Information Modeling，BIM）技术可以让设计人员获得直观的桥梁模型，可以对模型中存在的问题进行分析、修改，确实保证施工工序合理，最终达到提升装配式桥梁建设的质量与效率之目的。

本书共5章，核心内容在第3、4、5章。本书通过对国内外机器视觉与BIM技术在装配式桥梁施工各个环节的应用现状进行分析，以结果影响参数为参照，提出基于BIM集成的三维扫描技术，它在装配式桥梁构件生产、施工质量控制和施工进度监测中的应用广泛，对BIM忽视施工多变的因素进行细化的研究，并对应用流程和参数等进行说明，给出具体的误差结果，对构件生产安装误差进行分析。本书根据“提出问题－分析问题－解决问题”的研究思路进行框架梳理。

第1章　绪论：分析本书中所提问题的研究背景，结合国内外现有研究成果发现存在的问题与不足。

第2章　BIM基础理论及应用：以BIM基础理论及应用为主要研究内容，包括BIM概述、BIM技术在桥梁施工阶段的应用、BIM 技术施工分析平台和 BIM 技术与智慧建设。

第 3 章　装配式桥梁安装精度分析方法：本章结合三维扫描和 BIM 集成原理，在桥梁构件设计、施工过程中将二者集成，充分发挥二者优点。在此过程中，分析存在的影响误差的因素，降低非必要误差的影响，对影响装配式桥梁生产、安装精度的因素进行分析，将集成技术精度检测应用于装配式桥梁设计和施工中。

第 4 章　施工质量检测方法：本章以施工质量检测为主要研究内容，对装配式桥梁的预制构件的检测和拼装方法进行研究，其中包括预制构件几何特征提取方法、预制构件垂直度和平整度检测方法、预制构件预拼装方法三部分内容。

第 5 章　施工进度监测方法：结合实际案例分析三维激光扫描与 BIM 技术的应用流程，验证技术应用的可行性，实现安装后 BIM 与点云模型分析对比，以数据结果为参照，研究误差分布规律，提出应用评价建议。

本书是有关道路与桥梁施工技术方面的著作，主要内容包括 BIM 基础理论及应用、预制构件精度分析方法、施工质量检测方法和施工进度监测方法，探索将机器视觉技术引入 BIM 系统，进行预制构件质量检测、施工质量检测和施工进度监测，可供道路与桥梁工程及相关专业的科技人员参考，也可作为高等院校公路工程、桥梁工程等专业本科学生和研究生的教学参考书。

在本书的写作过程中，笔者参考了国内外本领域众多文献，在此向这些文献的原作者表示衷心的感谢。由于笔者的水平有限，书中存在的不足之处，恳请广大读者不吝赐教。

目录

CONTENTS

第 1 章　绪　论

本章从装配式技术的基本概念入手，给出了装配式技术在桥梁中的典型应用案例，并且介绍了建筑信息模型（Building Information Modeling，BIM）技术与各国的相关政策。在此基础之上，笔者通过查阅文献，分析了装配式桥梁全生命周期管理的研究现状。

1.1 引言

桥梁作为交通运输的重要设施之一，给人们的日常生活提供了极大的便利。受益于“一带一路”的国家战略，加快推进桥梁建设标准化、工业化，提高桥梁质量，是当前桥梁发展的重要方向之一。相对于传统的混凝土桥梁，装配式桥梁施工周期短、基础造价低，具有极大的经济优势和市场竞争力。我国装配式桥梁占比较低，这与我国经济发展和桥梁大国水平不相符。新时期下，如何高效发展装配式桥梁，是桥梁建设和施工的一个重大挑战。

经济的发展要始终与保护环境结合起来，我国在发展经济的同时，始终坚持保护环境，既要金山银山，也要绿水青山。在此背景下，对桥梁的建设提出了更高的要求，而装配式桥梁正是一种成本低、消耗小、绿色节能的现代化桥梁建设模式。

近年来，由于中国经济的飞速崛起，对可再生资源的日益重视，同时伴随人口红利逐渐减弱、人工成本日益上涨，装配式建筑越来越受到重视。预制装配式结构可以实现低能耗、低排放的建造过程，有效实现建筑业的绿色发展要求。

前期的桥梁施工大多采用现浇混凝土的施工方法，这种施工方法不仅施工周期长，现场湿作业多，还会对周围环境造成不利影响，且施工中的支架、模板耗用量大，施工费用高，并直接影响施工点的道路通行能力，与城乡建设发展的需要相矛盾。尤其是公路通过经济活动频繁、时间成本较高或环境敏感地区，在时间成本、生态环境保护的施工条件约束下，急需寻求更加友好的桥梁施工方式[1]，这就为发展我国的装配式桥梁结构提供了广阔的舞台。

通过对当前 BIM 技术在装配式桥梁施工中的应用进行分析，人们可以更好地理解当前装配式桥梁的建设流程，解决 BIM 在装配式桥梁施工中存在的问题。此外，笔者通过分析 BIM 和机器视觉技术的独立优势，探索将机器视觉技术引入 BIM 系统来更好地进行预制构件质量检测、施工质量监测和施工进度监测，控制预制构件质量、组装过程中的复杂形态和施工质量。因此，本书将重点放在如何利用这两种技术来实现对施工质量和施工进度有效监控和分析，以及寻求更多的改善效果上。

1.2 研究背景

1.2.1 装配式技术在桥梁中的应用

装配式混凝土构件自出现以来，已经被逐步推广到众多发达国家，其中包括美国、英国、法国、日本和加拿大等。

为了应对现浇混凝土在施工过程中的缺陷，上述国家已经大量地使用装配式桥梁[2-4]。例如，1971 年，美国采用节段拼装桥墩技术建造了得克萨斯州科珀斯克里斯蒂市的肯尼迪堤道桥；1983 年美国采用装配式技术建成了北卡罗来纳州 Linn Cove 高架桥；美国陆续建成的得克萨斯州 183 号高速公路桥［见图 1-1（a）］、新泽西州的胜利大桥［见图 1-1（b）］、佛罗里达州的七英里大桥［见图 1-1（c）］、科罗拉多 Vail 通道桥等都大量使用了预制拼装施工方法。1998 年竣工通车的丹麦公路铁路两用大贝尔特海峡大桥以及 2000 年完工的丹麦—瑞典的厄勒海峡大桥（双层公路铁路两用桥）等都采用了预制拼装施工方法。

相较于国外的众多应用案例，我国装配式桥梁的发展呈现出起步晚、发展快的特征，尤其是在一些跨海大桥和复杂的现浇施工环境中，装配式施工技术已经被广泛应用[5]。2005 年建成的东海大桥［见图 1-1（d）］墩身及箱梁为岛上预制海上安装。2008 年建成的上海长江大桥的桥墩以钢筋混凝土空心薄壁墩的结构特征而闻名，其中的低墩采用海上整体吊装，中高墩则使用海上拼装技术，其墩柱的截面是独特的矩形，四角处还有精美的圆弧。杭州湾跨海大桥［见图 1-1（e）］的引桥部分采取了 70 m 跨度的全桥预制，每个桥段的质量约是 2 200 t，并且在桥墩的拼装过程中，桥面的现浇混凝土与桥墩的现浇混凝土相互联系，实现了全桥的完美接合。在港珠澳大桥［见图 1-1（f）］的施工过程中，大部分桥墩都是通过节段拼接技术完成的，这种技术可以将桥墩的承台、桥身、桥墩三部分组合起来，每部分的承载能力高达 3 510 t。

我国正处于大规模交通建设时期，高速道路桥梁工程繁多，公路桥梁和城市高架装配式桥梁技术的研究，是急需解决的工程实际问题[6-7]。

装配式桥梁在提高施工效率的同时，还践行了节能环保的要求。采用装配式桥梁结构的施工方法，不仅能够显著改善机械化操作的水准，还能够保障工程的质量，极大地缩短施工周期，极大地提高施工的生产效率，更重要的是，它能够体现节能环保的施工思想，而且这种新型的桥梁结构的预制拼装技术不仅能够节省人力，还能够保障安全，保持良好的品质，是当今桥梁建设的新潮流。采用装配式钢-混凝土组合技术的桥梁，既具备传统的钢桥的特性，又具备现代的混凝土桥的功能，因此，它的使用范围正日趋扩大，这不仅能带来巨大的经济效益，还能为社会带福祉[8-9]。

（a）　（b）

（c） （d）

（e） （f）

图 1–1 装配式桥梁典型案例

（a）得克萨斯州 183 号高速公路桥；（b）新泽西州胜利大桥；（c）佛罗里达州七英里大桥；（d）东海大桥；（e）杭州湾跨海大桥；（f）港珠澳大桥

如今，该技术已被广泛应用到工业建筑中，它包括桥梁、公路、水工建筑等。相信在不久的将来，预制装配式混凝土会在发展中国家得到更好的发展应用。随着我国产业结构的持续改善，装配式桥梁已成为城镇基础设施和居民生活的重要组成部分。目前，20 ~ 50 m 跨度的城镇基础桥梁设施数量已超过 90%，大多数城镇基础桥梁设施的设计均基于装配式钢筋混凝土结构，它们的设计不仅更加灵活，承载能力更强，施工更加容易，还符合更严格的工业化要求。

现代钢筋混凝土桥梁的应用范围已经从传统的支撑结构扩展到了更加复杂的结构形式，尤其是在市政工程中，T 型桥梁的使用更加广泛，它不仅可以满足不同的施工要求，还可以满足不同的安全要求。

可以将采用预制装配式技术建造的桥梁的总体框架分为两个不同的层次：一个是由钢 - 混凝土组合梁、钢箱梁、预制节段箱梁、预制小箱梁组成的框架；另一个是由预制的盖梁和桥墩组成的框架。如图 1-2 所示，装配式桥梁的结构包括预制结构（如栏杆、主梁、横梁和桥墩）和非预制结构（如桩基、承台和路面铺设）。

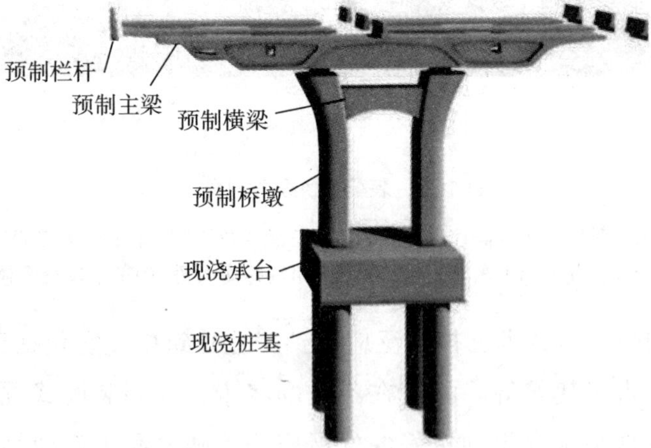

图 1-2　装配式桥梁结构

在桥梁工程的设计中，应当考虑道路平曲线形和桥梁跨径，以确定预制装配式桥梁工程上部结构的适用范围，如表 1-1 所示。如果超出了这一范围，就不能使用预制装配式技术进行施工。

表 1-1 桥梁工程上部结构的适用范围

构件类型	适用范围	常规标准跨径 /m	推荐跨径 /m
预制节段箱梁	等宽箱梁	38、35、32	30 ~ 100
预制小箱梁	等宽箱梁、山区梁段	35、30、25、20	20 ~ 35
钢箱梁	异形变宽梁段、大跨度梁段	45、40、35、30	30 ~ 150
钢箱组合梁	等宽箱梁、大跨度梁段	45、40、35、30	30 ~ 100
钢板组合梁	等宽箱梁	40、36、32、28、25、10	20 ~ 70

在设计和安装桥梁的过程中，桥梁工程必须全面评估下部的预制组成，包括它们的位置、每个组成单元的质量和总长。详细信息如表 1-2 所示。

表 1-2　桥梁工程下部结构的适用范围

构件类型		是否预制	常规节段质量 /t	常规节段长度 /m
桩基	PHC 管桩	是	—	8 ~ 10
	钢管桩	是	—	12
	钻孔灌注桩	否	—	—
立柱	矩形柱	是	≤ 120	< 20
	花瓶式柱	是	≤ 120	< 12
桥台	重力式桥台	否	—	—
	轻型桥台	是	≤ 150	< 16
盖梁		是	≤ 150	< 16

预制装配式桥梁结构技术可以有效地减少施工现场的操作量。因此，在建筑施工中，通过集成制造的方式，将预制构件安排在特定的预制场内，并经过质检，然后运送至工地，完成装配拼装，利用湿接头、不锈钢波纹管、灌浆套筒等，可以将预制构件连接起来，形成一个完整的结构（见图 1-3），从而实现桥梁的安全可靠运行。为了确保桥梁的安全性和稳定性，应当采取相应的措施。

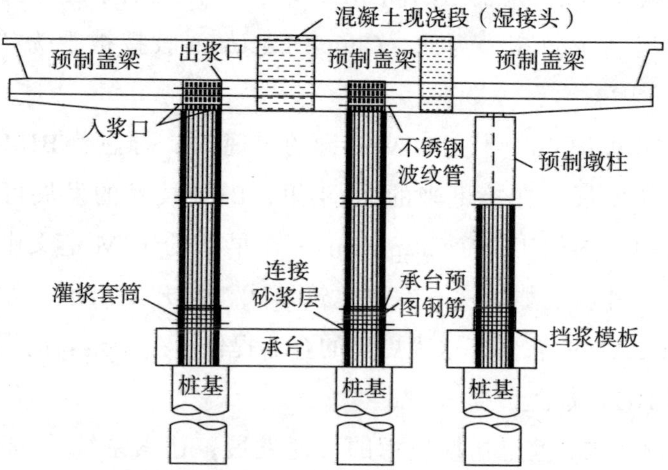

图 1-3 装配式桥梁施工中预制构件的连接方式

1.2.2 BIM 技术与相关政策

1965 年，一份名为“The Ultimate Display”的报告引发了一场革命，它将计算机虚拟现实技术带入了全新的领域，使得 BIM 理论和实践得以发展，从而开启了一扇全新的大门。20 世纪 70 年代，随着全球化石油危机的加剧，美国的各行各业开始寻求更有效的解决方案。1975 年，查尔斯·伊斯曼（Chuck Eastman）教授在完成“Building Description System”项目时，发现了一种新的解决方案——BIM 技术，它可以将图形和元素进行编辑处理，从而提高企业的效率，实现更高的管理水平。Chuck Eastman 教授创立的“a computer-based description of a building”的概念，大大改善了建筑工程的可视化操作控制，取代了常规的手工作图，极大地提高了效率。为此，Chuck Eastman 教授被誉为“BIM 之父”[10]。

20 世纪 70 年代，BIM 一词的出现[11]，标志着 BIM 技术的不断发展，在接下来的 20 年里，BIM 技术的发展可谓是惊人的。图软工司（Graphisoft）在早期的 BIM 定义中，给出了一种新的概念——虚拟建筑模式，并开发出了一款名为 ArchiCAD 的软件，这为更多的企业提供了一个全新的视角来理解 BIM 技术。

随着 21 世纪初期技术的飞速发展，达索系统（Dassault Syetem）和欧特克（Autodesk）企业的三维模型技术已达到前所未有的高度。Autodesk 企业在 2002 年发布了《BIM 白皮书》，首次明确提出了“建筑信息模型”的概念，为建筑行业带来了革命性的变革。杰里 · 莱塞林（Jerry Laiserin）教授深入研究了 BIM 的概念，他强调，BIM 不仅是一种建模软件，还是一种高度可视化的模式，它能够将项目管理的全生命周期的信息汇聚在一种高度可视化的模式中，从项目模拟、施工模拟、管理模拟等多个方面实现数据的实时传输，从而更好地反映项目管理的实际情况，以及实现项目管理的预期效果。将重点放在建立完善的项目管理流程[12-15]上可以确保项目管理的长期可持续发展。

美国政府一直非常重视 BIM 技术，早在 2003 年就提出了 3D–4D–BIM 的计划，在 2007 年，美国政府又颁布了第一部国家级 BIM 标准，以确保 BIM 技术的可持续发展。随着 8 年的不断推进，美国国家 BIM 标准（NBIMS–US）已经出台了三版（见表1–3），为美国BIM技术的发展提供了统一的框架。

表1–3 美国国家BIM标准

年份	美国国家BIM标准
2007年	《美国国家BIM标准第一版》（*National BIM Standard-United States™ Versinon* 1，*NBIMS-US V*1）旨在深入探讨建筑生命周期与信息交换的概念，并且详细阐述了NBIMS的制定流程，以便更好地满足建筑行业的需求
2012年	《美国国家BIM标准第二版》（*National BIM Standard-United States™ Versinon* 2，*NBIMS-US V*2），由美国建筑科学研究院与building SMART alliance一起署名，第二版旨在申请国际标准化组织(ISO)，以IFC、IFD/bs DD、XML、OmniClass格式为标准进行编撰
2015年	《美国国家BIM标准第三版》（*National BIM Standard-United States™ Versinon* 3，*NBIMS-US V*3），第三版增加了Solibri及Tekla两家软件公司提出的BIM协同作业的格式标准BCF，以及由AIA提出的BIM论坛制定的LOD规范等，为软件开发商明确规划出了参考标准和交换信息标准

2022年6月，英国国家建筑规范（National Building Specification, NBS）权威发布《NBS国家BIM报告2022》（NBS National BIM Report 2022）。每年一度的英国NBS国家BIM报告被广泛作为BIM领域的权威性数据。根据这份报告，研究者发现BIM技术已经被广泛使用，并且随着时间的推移，它的使用率比去年上升了8.5%。根据最新的研究，

BIM 的普及率已经达到了 90%，95% 的受访者表明，3 年之后，BIM 的普及率可以达到 90% 以上。

此外，《中国建筑业 BIM 应用分析报告 (2022)》对企业 BIM 应用现状进行了调研，统计结果如图 1-4 所示。从企业在 BIM 应用年限上看，已应用 5 年以上的企业占比最高，为 48.89%，2021 年此数据为 47.07%；已应用 3 ～ 5 年的企业占比为 31.65%；已应用 1 ～ 2 年的企业占比为 9.99%。与 2021 年相比，已应用 5 年以上的企业比重有所增加，从而说明行业对 BIM 技术的整体认知持续提升。

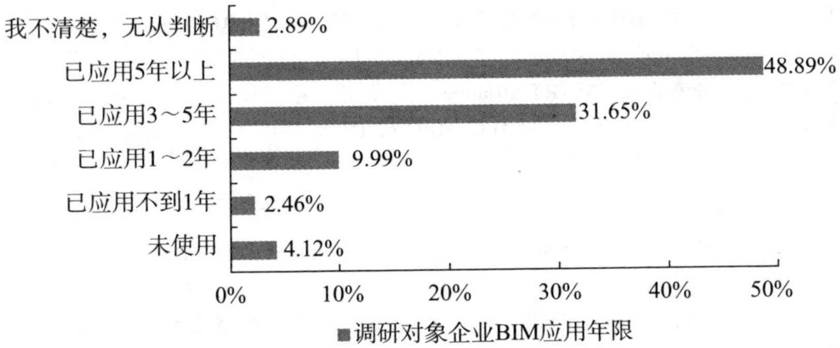

图 1-4　BIM 应用现状

新加坡和俄罗斯对 BIM 技术的运用和推广给予了高度认可。新加坡的建筑管理署 BCA 强调所有的政府项目必须使用 BIM 技术，而且积极推动高校提供 BIM 专业的教育，以培养更多的 BIM 专业人才。俄罗斯则更加强调 BIM 的实际运用，要求所有的施工合同必须包含 BIM 的内容，以确保施工质量。BIM 在韩国、日本、北欧五国等国家得到广泛应用，它们制定并实行了各种有针对性的发展计划与战略[16]。其中，一些国家在这方面的具体实践如表 1-4 所示。

表 1–4 国外BIM相关政策

国家	政策
美国	美国建筑科学研究院正准备出版第四版 BIM 标准，3D-4D-BIM 计划推行至今，建筑项目已经广泛采用 BIM 技术
俄罗斯	2017 年到 2019 年，俄罗斯要求承建政府工程的各个参建方均要将 BIM 技术作为支撑
日本	日本建筑学会高度重视 BIM，对 BIM 从业者进行了全方位的帮助，积极发布就业指南
英国	BIM 技术一直被政府强制要求运用到工程项目中
韩国	政府 2016 年前实现了全部公共工程的 BIM 应用
新加坡	建筑管理署要求所有政府项目均要采用 BIM，并鼓励各高校开展 BIM 相关课程

21 世纪初，BIM 技术迅速发展。2001 年，中华人民共和国建设部（现中华人民共和国住房和城乡建设部，简称住建部）制定的《建设事业信息化“十五”计划》也为 BIM 发展起到促进作用，使得 BIM 的应用范围大大扩展，并引发了一系列的深入探讨和实践。“十一五”时期，我国建筑学会和勘测建筑设计联合会数次举办 BIM 会议[17]，以深入研究 BIM 的未来发展趋势和可行性，从而促进 BIM 技术的普及和实施，并且大大提升 BIM 的国际地位。2010 年，中央国家机

关住房资金管理中心联合多所高校和大型设计机构，就 BIM 技术进行了深入的研究，并且在当年 6 月，清华大学 BIM 课题组通过大规模的考察和数据分析，以及对国内工程建设领域的深入洞察，最终提出了中国建筑信息模型标准(CBIMS)体系，该体系成为我国 BIM 的统一规范。随着中央和地方政府的积极支持，BIM 技术的普及和应用取得了巨大的进展。近年来，中央和地方政府不断出台有助于提升 BIM 应用水平的政策，以减少 BIM 技术的不足之处，以及有效提升我国的建设水平，其中一部分政策要点如表 1-5 所示。

表 1-5　国家发布的BIM相关政策

部门	时间	文件名称	政策要点
国务院	2017.02	《关于促进建筑业持续健康发展的意见》	加快推进 BIM 在施工项目全生命周期中的应用
交通运输部	2017.02	《推进智慧交通发展行动计划（2017—2020 年）》	到 2020 年，大力推进 BIM 在基础智能化方面的应用
交通运输部	2018.03	《关于推进公路水运工程 BIM 技术应用的指导意见》	促进 BIM 技术在公路水运工程全生命周期中的应用
住建部	2017.03	《“十三五”装配式建筑行动方案》	推进 BIM 技术在装配式建筑规划、勘察、设计、生产、施工、装修、运行维护全过程的集成应用

（续表）

部门	时间	文件名称	政策要点
住建部	2022.03	《“十四五”住房和城乡建设科技发展规划》	从设计、施工、预制、进度管理、成本管理、质量管理、施工监理、竣工验收等方面提出BIM使用要求
住建部	2022.05	《“十四五”工程勘察设计行业发展规划》	该规划提出要推动工程勘察设计行业数字转型，提升发展效能，推进BIM全过程应用
住建部、发改委	2022.06	《城乡建设领域碳达峰实施方案》	第四部分“强化保障措施”的第十七条“构建绿色低碳转型发展模式”提出利用建筑信息模型（BIM）技术和城市信息模型（CIM）平台等，推动数字建筑、数字孪生城市建设，加快城乡建设数字化转型

随着国家发布的一系列支持性政策的实施，2017年以来，地方政府、建设委员会及其他相关机构纷纷采取行动，开展BIM技术的研究与实践，并制定相关的政策文件，以促进该技术的普及与发展，具体情况如表1-6所示[18]。

表 1-6　地方出台的BIM相关政策

地点	时间	文件名称	政策要点
北京市	2017.7	《关于公布北京市建筑信息模型（BIM）应用示范工程的通知》	确定北京市多个核心地块项目为 2017 年北京市建筑信息模型（BIM）应用示范工程立项项目
北京市	2022.4	《北京市房屋建筑和市政基础设施工程智慧工地做法清单（2022 年版）》	在深化设计、加工生产、施工过程中，应用 BIM 技术；开展三维可视化交底、工艺模拟、碰撞检查、质量问题挂接模型等至少 2 项辅助质量管理
广东省	2017.8	《广东省建筑信息模型（BIM）技术应用费的指导标准（征求意见稿）》	根据建造过程中的应用阶段、专业、工程复杂程度确定 BIM 技术应用费用标准，鼓励全过程、全专业应用 BIM 技术
广东省	2022.9	《关于加快新型建筑工业化发展的实施意见》	推广建筑信息模型（BIM）技术：加快推动以 BIM 为核心的数字化技术在新型建筑工业化全生命周期的一体化集成应用，推动 BIM 正向设计，实现图模一致和信息有效传递，以模型为载体实现全专业信息化集成和设计协同。探索打造全省统一的应用 BIM 技术项目管理平台

（续表）

地点	时间	文件名称	政策要点
江苏省	2022.3	《全省建筑产业现代化 2022 年工作要点》	推进建筑产业现代化，加强建筑信息模型（BIM）技术的研究应用；引导设计单位积极采用少规格、多组合设计方法和数字化设计手段，提高装配式建筑设计水平
江苏省	2022.12	《关于推进江苏省智能建造发展的实施方案（试行）》	普及“BIM+”数字一体化设计
上海市	2017.4	《关于进一步加强上海市建筑信息模型技术推广应用的通知（征求意见稿）》	主要对土地出让环节、规划审批环节、报建环节、施工图审查环节、竣工验收环节给出指示
上海市	2022.6	《上海市数字经济发展“十四五”规划》	“二、重点任务”的“（一）拓展数字新产业”中的“6. 智能城市”提出，加快城市新型基础设施建设，支撑城市迈向全场景智慧时代。发展数字孪生城市新形态，重点推广 BIM（建筑信息模型）、GIS（地理信息系统）等技术

（续表）

地点	时间	文件名称	政策要点
上海市	2022.7	《上海市碳达峰实施方案》	“二、重点任务”的“（四）城乡建设领域碳达峰行动”中的“1. 推进城乡建设绿色低碳转型”提出，推行绿色施工，推动建筑信息模型（BIM）等智能化技术应用，大力推进装配式建筑和智能建造融合发展，推行全装修住宅，减少建设过程能源资源消耗
湖北省	2021.9	《关于推动新型建筑工业化与智能建造发展的实施意见》	大力推广建筑信息模型（BIM）技术在新型建筑工业化全生命周期的一体化集成应用。文件提出政府投资的 1 亿元以上市政基础设施项目、3×10^4 m^2 以上的公共建筑和装配式建筑应采用 BIM 技术。将应用 BIM 技术作为项目申报省优国优工程等相关奖项的重要条件

根据中国知网（CNKI）的数据，BIM 技术在桥梁领域的应用近年来一直在不断增加，从 2015 年开始，这种趋势一直保持着高速发展，但是在 2021 年出现了一定的下降（见图 1-5）。由图 1-5 可以看出，中国知网（CNKI）中对桥梁 BIM 的期刊收录包括了大量的相关文献。

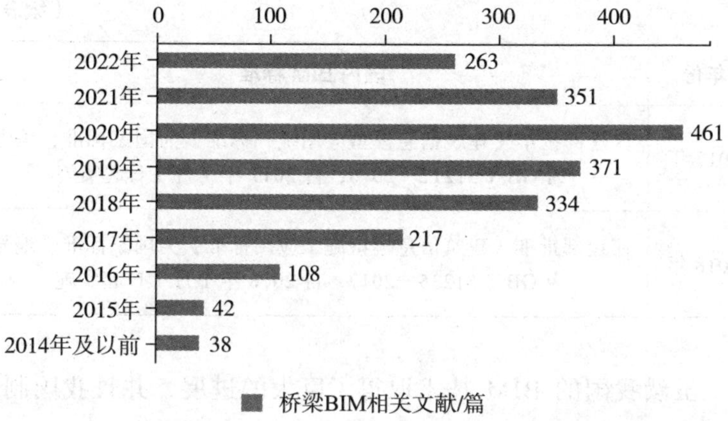

图 1-5 中国知网（CNKI）中关于桥梁 BIM 相关文献收录情况

中国的官方机构和 BIM 专家都意识到，推动 BIM 技术的发展除了依靠国家的扶持外，更重要的是建立起完善的行业标准，使其能够得到有效的实施和管理。

采用 BIM 技术可以有效地实现项目的数据交换和分析，促进不同参与者的合理沟通，实现跨界合作，从而极大地提高工程的整体质量，降低施工的总费用。我国现行的 BIM 标准如表 1-7 所示。

表 1-7 国内BIM标准

年份	国内 BIM 标准
2012 年	起草《建筑工程施工信息模型应用标准（征求意见稿）》 起草《建筑工程信息模型存储标准（征求意见稿）》 起草《建筑工程设计信息模型分类和编码标准（征求意见稿）》 起草《建筑工程设计信息模型交付标准（征求意见稿）》

（续表）

年份	国内 BIM 标准
2017 年	住建部批准《建筑信息模型应用统一标准》为国家标准，编号为 GB/T 51212—2016，自 2017 年 7 月 1 日起实施
2018 年	住建部批准《建筑信息模型施工应用标准》为国家标准，编号为 GB/T 51235—2017，自 2018 年 1 月 1 日起实施

虽然我国的 BIM 技术取得了巨大的进展，并且我国制定了许多相关政策和标准，但仍然存在一些问题，主要表现在以下几点：

（1）专业软件缺乏，国内软件开发团队力量薄弱。国内该领域专业的软件开发团队比较少，导致国产软件的市场占有率很低。Revit 和 Navisworks 在一些特定的施工环境下有良好表现，但在其他类似的情况下，它们的灵活性和可靠性仍然有待提高。由于缺乏充分的 API 技术支持，加上缺乏相应的技术支持，施工企业在使用这两款软件时，只能做到基本的碰撞检测、造价计算，无法实现更深入的施工仿真、信息传递、结构调整等功能。

（2）国内人才储备缺乏，建模和研究型人才缺口较大。随着 BIM 技术的快速发展，企业里骨干的能力和素质尚未达到理想水平。因此，在有限的时间内培养出更多的专业人才对企业来说是一项艰巨的任务。随着时代的发展，许多人已经不再选择在大学里接受教育，而是选择在工作岗位上接受培训。

（3）现场施工作业人员的水平不高，限制了BIM技术的发展。BIM技术的引入给施工单位带来了巨大的改变，但由于现场施工作业人员的水平有限，此外，他们很难在施工前找到最佳的施工方法，“建立模型+模拟操作”的方式没有得到充分的应用。

1.3 研究现状

装配式桥梁的全生命周期管理是当前该领域研究热点，装配式桥梁的全生命周期管理就是通过合适的技术组合，获取、处理、传递和管理预制构件在不同阶段的空间信息。本书将从以下两个方面对现有资料进行整理和归纳：①装配式桥梁全生命周期中预制构件空间信息的内容；②分析现有获取、处理、传递和管理构件空间信息的技术手段，及上述技术的应用情况，即数据采集技术在桥梁构件追踪定位中的应用。

1.3.1 构件空间信息

“空间”一词最初源于地理学，它描述的是物质在某一时刻的空中分布情况，这些物质可能具有不同的大小、方向和颜色，以及它们之间的相互作用[19]。本书将其引入建筑领域，以便更好地研究建筑构件在三维空间中的定位问题。对于预制构件来说，其空间信息包括构件的形状尺寸、构件之间的空间关系，以及在全生命周期不同阶段、不同区域的位置信息等。预制构件的形状尺寸和构件之间的空间关系应满足工厂化、标准化、通用化、系列化和多样化的目标要求。因此，装配式建筑构件的形状和安装定位尺寸应符合统一的建筑模数标准[20]。

刘长春等学者以这些标准为依据，对预制构件模数协调方法[21]，以及它在装配式建筑设计中的应用进行了研究[22-24]，认为通过模数协调项目各环节人员能够按照统一的规则合作与配合，使构件的放线、定位和安装规则化、合理化，从而简化了施工现场作业[25]。然而，大多数标准仅仅提供了数列、参数、轴线定位等概念的描述，却缺乏对其应用的指导，从而导致模数理论与实际应用脱节，无法有效地发挥模数理论的功效。另外，研究者开彦提到建造活动发生在三维空间，建立适宜的三维空间坐标网格对构件定位起到重要作用[26]。

装配构件全生命周期是动态的，包括从设计、生产、施工到运营维护，直至拆除与回收利用的全循环过程[27]。在此过程的不同阶段，根据具体的项目任务，所需的预制构件空间信息也会不同，如生产阶段需要构件的外形尺寸，运输阶段需要及时获取运输路线、车辆位置和堆场位置，施工安装阶段需要构件定位控制点和线，以及运维阶段需要构件所属的楼层和房间编号等[28-30]，这些空间信息与装配式建筑生产建造和供应链的全流程息息相关[31-32]。另外，常春光等学者认为构件编码是构件位置信息的一项重要内容，是在各项目阶段从众多相似的预制构件中快速识别、定位和管理目标构件的主要依据[33]。从构件的可识别性来看，清晰、合理的构件编码应包含构件的分类方式、建造层级、项目代码、构件的位置属性、数量编号，以及可扩充区域等几部分内容[34]。

1.3.2 构件追踪定位技术

1. BIM 在构件追踪定位中的应用

当前，装配式桥梁的研究重点放在优化工艺技术上，包括改进结构构件的制造过程、提高现场施工的效率、完善体系及工法等方面[35]。也有不少学者，如齐宝库、李长福关注如何在装配式建筑的全流程中提高项目管理效率和优化协同合作方式。由于缺乏有效的沟通媒介，各项目阶段和参与方之间的信息传递呈现碎片化[36]。BIM 是一项革命性的技术和流程，改变了传统的建筑设计、建造和运营方式[37]。

BIM 在装配式建筑中具有极大的应用价值，不仅体现在 BIM 能够建立基于模数协调、信息丰富的预制构件三维模型[38]，通过开放型接口形成标准化、通用化、系列化和多样化的构件数据库[39]，并集成各方面的资源来协同设计，实现对项目的 4D（3D 模型 + 时间）模拟和评估[40-41]，还体现在通过对 BIM 系统的开发[42]，提供更加高效多元的信息化平台上。如广联达 BIM 5D、鲁班工场（Luban iWorks）BIM 系统平台、Bentley 公司的 PW（ProjectWise）平台、天宝公司的 5D BIM 平台、智慧建设 BIM 协同管理云平台等，最终目的是实现对建筑信息的集成化和精细化管理[43-44]。

BIM 的数字化和信息化属性可以将设计与制造工厂、施工现场无缝对接，实现对构件生产的智能控制和尺寸复

核 [45-46]，并通过“云端技术”将三维模型带入施工现场，进行无纸化施工测量放样和施工质量检验 [47-50]，从而避免施工人员对二维图纸的误读 [51]，将人工干预程度降至最低，以保证构件定位的精确。从整个建设供应链来看，BIM 提供了高度集成的信息化平台 [52]，相关人员能够根据构件在不同阶段的空间位置信息，掌握其实时状态，评估现阶段的工作，并组织和指导下一阶段的工作。

2. GIS 在构件追踪定位中的应用

地理信息系统（Geographic Information System, GIS）是一门综合性学科，结合地理学与地图学及遥感和计算机科学，已经广泛应用在不同的领域。GIS 近年来取得了巨大成就 [53]，从而为社会的可持续发展做出了重要贡献。在工程建设领域，GIS 因其强大的数据信息分析、管理、挖掘和制图等功能，目前已在建设前期审批、建设规划、工程测量、工程信息管理和施工监控等方面有了广泛的应用 [54-55]。

基于 GIS 的资源空间分析和成本估算，可以评估整个建设供应链中物料运输中的物流限制，并为供应商提供选择方案和最佳运输线路 [56-57]。当 GIS 布局数据与三维场地模型相关联时，它可以生动地模拟施工场地中的物料循环路径 [58]。由于 GIS 和 BIM 都能够有效支持信息交换和决策分析，且适用领域不同，因此许多研究致力于将二者的优势互补，构建装配式建筑供应链的可视化监测框架 [59-61]，并通过射频识别（Radio Frequency Identification, RFID）和全球定位系统（Global Positioning System, GPS）来自动识别和追踪物料与构件，以减少数据输入的错误和人工成本，确保物料的按时交付 [62-63]。

3. 数据采集技术在构件追踪定位中的应用

预制构件在全生命周期的身份识别和空间信息的获取需要通过数据采集技术来实现 [64]。在建筑领域，对数据采集技术的研究主要包括自动识别技术、实时定位技术、数字测量技术，以及上述技术与 BIM 和 GIS 的结合 [65-68]。

BIM、GIS 和计算机视觉技术的结合，为装配式预制构件的全生命周期管理提供了一种新的信息整合方式，它不仅可以有效地提高装配式桥梁的安全性，还可以实现各个环节之间的信息共享，从而有效地推动预制构件管理技术的发展 [69]。

M. Sagong 等利用线激光扫描仪，在 800 mm 的隧道中，精确地测量并识别出需要拼接的预制构件及其相关连接件位置，同时完成计算机的数字建模，有效地识别出隧道中的裂纹及其他可能存在的破坏 [70]。M. K. Kim 等通过应用 BIM、3D 激光扫描及点云技术，开发出一种新的、高效的、能够准确反映预制混凝土构件尺寸及其表面质量的评价体系，这一体系的应用将为建筑工程提供更加精准、高效的服务 [45]。

ZHANG Q L 等研究了基于计算机视觉的空间结构构件尺寸精度和结构性能评估方法，并将该成果应用于异形钢结构工程的检测中 [71]。I. Neumann 等将点云技术用于混凝土构件健康评估，以期用于中小跨度桥梁墩柱的检测和评估 [72]。

F. Bosche 等研究了基于 3D CAD 模型的自动识别计算机可视化，重点关注预制构件表面尺寸质量评估的计算方法，并将该方法应用于钢结构建筑框架的质量检测 [73-74]。

H. Sohn 等将三维激光扫描应用于桥梁预制构件预拼接和精度检测及优化，结果表明，基于激光扫描的点云可以有效地估计预制梁、预制桥面板最佳位置 [75]。

F. Boukamp 等研究了基于激光扫描获得的隧道模型与相应设计阶段 CAD 模型的比较，提出了隧道结构质量检验的一般技术框架 [76]。S. Han 等提出了一种利用激光扫描提取隧道横截面数据的计算机视觉技术，将该技术用于桥隧表面质量控制，并将研究结果与传统方法进行了比较 [77]。

S. Gordon 以及 H. M. Lee 等研究了计算机视觉测量获得的变形结果用于结构尺寸质量控制的方法 [78-79]。D. Huber 等利用几种损伤检测算法和激光扫描研究了表面平整度缺陷的可检测性，并使用来自三个激光扫描仪的数据分析、比较三种算法的性能。结果表明，从 20 m 的距离可以检测到小至 3 cm 宽和 1 mm 厚的表面平整度缺陷 [80]。M. K. Kim 等提出了一种不需要利用点云技术获取数据的预制构件整体表面几何质量检测新技术，即在预制混凝土构件的制造阶段，使用平面镜辅助激光扫描仪从地面扫描不可见侧面，以解决以往视角的局限性 [81]。

WANG M J 等开发了一种基于用户定义的数据质量要求和遗传算法的现有建筑扫描规划方法，该方法可用于预制构件在复杂现场安装的测站规划 [82]。S. Walbridge 等提出了一种基于自动三维扫描测量与可视化的端点分类计算框架，该框架的应用使预制构件制造车间和项目业主能够有效应用点云技术与 BIM 技术 [83]。

国内的相关研究成果也比较丰富。通过应用 BIM 技术和点云技术，左自波等开发出一种新的桥梁预制构件施工质量检测系统，利用此系统能够迅速准确地检测构件的尺寸偏差和评估表面质量，并且能够有效地解决构件预制和运输过程中可能出现的缺陷问题[84]。通过对鸟巢等大型钢结构工程的分析，周克勤等提出了一种新的技术，它可以有效地检测异形建筑构件[85]，与传统技术对比，此方法具有显著的优势。此外，龚剑等还提出了一种基于点云技术的超高层建筑数字化施工偏差检验系统[86]，该系统可以有效地检测施工位置、尺寸偏差、进度等情况。徐晓珂深入研究了计算机视觉在装配式桥梁中的应用，着重分析了三维扫描的操作步骤，并对其安装精度进行了有效的控制[87]。刁晓翔研究了点云技术在预制构件生产质量控制中的应用，重点对构件生产模具的变形进行了监测及数据分析[88]。

通过应用点云技术，许良梅等给出了装配式钢结构建筑计算机视觉方法[89]，这种方法能够更加精确地控制和矫正施工过程，并且可以通过对误差的评估实时调整施工过程，从而有效地避免传统的测量方法带来的误差，降低测试成本和加快施工进度。潘峰等将 BIM 技术与点云技术相结合，对超长钢筋混凝土构件施工质量进行了更为准确的控制[90]，同时大大提高了其施工效率，使得模架的稳固性、刚度及可靠性都得到显著的提高。程笑等对于复杂的建筑结构，利用这些新的技术对复杂的建筑结构进行验收，如异形加腋多梁和异形扭曲钢梁交汇劲性结构及其他相关的数字化应用，并结合具体案例展示了点云技术在提高施工精度及效率方面的作用[91]。通过使用点云技术，高腾等获得了更高精度和更高分辨率的数字模型，并通过实际工程案例证明了这种技术在钢构件数字化拟合方面的有效性[92]。点云技术在钢波纹板的套衬变形检测中的应用，分别对加固前后隧道段的套衬进行了扫描，整理了包括外业数据采集和内业数据处理的工作标准化流程[93]。王涛等以某特大型商业项目为例，研究了点云技术与 BIM 技术在施工质量精确控制中的应用，通过对 BIM 与三维扫描模型的偏差进行分析实现了施工质量精确控制，验证了点云技术与 BIM 技术施工质量检测方法可用于复杂环境及大型结构工程的结论[94]。茹高明等提出了依据 BIM 的结构拼装及模拟尺寸预拼装检测方法，应用点云技术获得了实体结构构件点云模型，实现了设计模型与实际扫描点云模型的精确拟合，解决了复杂结构模拟预拼装及拼装过程中尺寸检测难的问题[95]。

1.3.3 问题与不足

（1）机器视觉与 BIM 技术的结合在装配式构件质量检测和施工监测等环节的应用尚处于初步阶段，缺乏相关的规范要求，尤其缺乏的是对技术应用细节的规定。

（2）基于 BIM 集成三维扫描技术进行预制构件 BIM 创建环节，多忽视施工多变的因素，未进行细化的研究，缺乏各阶段实施的目标、方法及原则等。现阶段，国内外对机器视觉在混凝土构件的生产尺寸、安装、质量评估等方面的应用做出了初步探索，对主要应用流程和参数等进行了说明，并给出了具体的误差结果。

（3）尽管以三维激光扫描为代表的机器视觉被广泛应用，但是对于装配式桥梁，它的应用还相当有限，大部分集中于对构件的扫描和相关数学模型的构建。为了更好地满足客户的需求，应该采取 BIM 集成机器视觉，以更加详尽的步骤来完成整个生产和安装过程，从而达到更加准确的效果。

1.4 本章小结

本章以装配式桥梁研究背景和研究现状为主要研究内容，包括装配式技术在桥梁中的应用、BIM 技术与相关政策、装配式桥梁中相关技术的问题与不足等。

（1）叙述了装配式桥梁的应用及世界各种装配式技术的发展，列举了世界各地装配式桥梁的典型案例，分析了装配式技术在桥梁不同结构部位的使用工艺和适用范围，以针对不同的桥梁采用不同的措施。

（2）对 BIM 技术的起源和发展进行了分析。BIM 技术在建筑行业发挥了巨大作用，从项目开始到项目模拟，项目施工的全周期都可应用 BIM 技术，应用 BIM 技术能够实现预想的效果。解读了相关的政策，BIM 技术的兴起和广泛使用，促使世界各地制定了相关的政策，这些政策对于 BIM 技术的发展起到一定的促进作用。

（3）分析了装配式桥梁技术的研究现状，阐述了构件空间信息、构件追踪定位技术在装配式桥梁中的应用，其中构件追踪定位技术需要用到 BIM 技术、GIS 技术、数据采集技术、点云技术等，以实现复杂结构模拟及拼装。

（4）针对存在的问题与不足进行了分析，并提出了解决方案。

第 2 章　BIM 基础理论及应用

本章从 BIM 技术的基础理论入手，首先，着重分析了该技术在桥梁施工阶段中的应用场景；其次，介绍了利用先进测量技术，依托 BIM 平台进行施工分析的流程；最后，简要介绍了基于 BIM 技术的智慧建设。

2.1　BIM 概述

随着中国式现代化的提出和国家建设的发展，桥梁建设也越来越受重视。作为基础设施建设的一部分，桥梁建设能够很好地解决跨水或跨谷的交通问题，使车辆和行人畅通无阻。装配式桥梁是一种新兴的桥梁形式，采用绿色环保材料进行构件生产和装配，能灵活解决桥梁尺度分割问题，装配式桥梁涉及的内容多、周期短，在施工过程中存在材料运输困难、施工工序不合理等问题 [96-97]。找到一种有效解决以上问题的技术和方法，以提高装配式桥梁施工效率十分紧迫。BIM 技术可以让设计人员获得直观的桥梁模型，可以对模型中存在的问题进行分析、修改，能够保证施工工序合理，最终达到提高装配式桥梁建设质量之目的。BIM 技术的合理使用，能够发挥装配式桥梁的优势，能够及时发现、快速纠正 [98] 装配式桥梁中存在的问题。

2.1.1　BIM 基础理论

BIM 技术属于建筑行业的新兴技术，该技术在施工管理、工程管理、项目管理中有广泛的应用[99]。该技术通过数字化表达，从建筑行业慢慢转向全生命周期的管理，将信息化与工业化建设完美融合，BIM 的核心是通过信息化模型实现建筑目标的表达，同时兼顾参数化建模[100]。BIM 依靠数字化技术在计算机中建立一个完整的虚拟模型，该模型能够为整个建筑的建设周期提供一个完整的、单一的、有逻辑的信息库，设计者可以通过信息模型，拓展对建筑形态的探索空间，并对信息的正确使用进行了协同工作的铺垫[101]。

BIM 是一个多维度的计算机软件建立的信息模型，它使用虚拟和现实技术将建筑设计理念以可视化的方式呈现出来，并接受客户反馈，进行优化和修改。BIM 技术能够将建筑中不连贯的部分进行整合，方便参建各方沟通，提高工作效率。

BIM 技术的使用是工程建筑行业的历史性转变，信息技术的应用正在缓慢改变原有的建筑管理模式。BIM 技术以大数据和计算机技术为模型进行工作创建，工程师需要在设计中描述建筑几何信息和专业信息，同时需要收集空间数据，形成全面的信息把控，实现数据互用[102]。BIM 技术通过计算机数据处理和运算，建立一个虚拟的三维模型，将建筑行业从二维时代带入三维时代。BIM 技术构建三维建筑模型的技术包含大量建筑工程用到的信息，建筑工程的集成化和信息化。在保证建筑结构稳定、设计合理的情况下，对建筑规划进行系统安排和运行管理，使得整个建筑工作能够稳定有序地开展。

世界上多个国家颁布了 BIM 指导标准，这对 BIM 技术的理论发展和实际应用具有较大促进作用。BIM 技术发源地——美国在指导标准方面的研究处于领先地位，不仅有国家颁布的标准，还有地方政府发布的标准。除美国以外，世界上不少国家也颁布了 BIM 指导标准，如表 2-1 所示 [103]。

表 2-1　世界上已颁布了BIM指导标准的国家和地区

国家或地区	颁布时间	标准名称
美国	2006 年	*General Building Information Handover Guide*
		BIM guide series
		Building Information Modeling
	2007/2012/2015 年	*NBIMS(Version* 1/2/3*)*
芬兰	2007 年	*BIM Requirements* 2007
挪威	2009 年	*Information Delivery Manual*
	2011 年	*BIM Manual* 1.2
英国	2010 年	*AEC(UK) BIM Standard for Autodesk Revit*
德国	2006 年	*User Handbook Data Exchange BIM/IFC*
丹麦	2006 年	*Digital Construction*
澳大利亚	2009 年	*National Guidelines for Digital Modelling*
新加坡	2012 年	*Singapore BIM Guide*
中国香港	2009 年	*BIM User Guide*

IFC（Industry Foundation Class, 工业基础类）标准是 ISO 认证的为各种软件系统提供信息交换的数据标准。按照 IFC 标准描述的表达信息，可以实现不同软件之间的数据交换。

2.1.2 BIM 技术特征

BIM 技术基于三维模型数字化项目控制，将信息化模型用于建筑行业中的规划、设计、施工和管理中，具有参数化、模拟化、可视化、协调化、信息化的特征[104]。

（1）参数化。装配式桥梁在进行设计时需要对设计参数优化和修改，传统设计在修改和优化方面需要花费大量时间，许多技术人员的参与、修改周期长，导致桥梁建设的成本增加。BIM 技术可以将桥梁结构的设计用参数化的方式进行建模，在修改某个参数的过程中就可以实现其他参数的调整，大幅度地提高了修改效率，节省了时间和人力。

（2）模拟化。BIM 技术可以使用三维立体图建立模型，可以根据设计需要模拟和优化施工过程，减少施工过程中的失误。BIM 技术可以对三维模型中的状态进行实时模拟，并加入时间形成 4D 模拟，方便控制施工进度。

（3）可视化。BIM 技术可以将设计过程中的二维 CAD 图纸转变成三维模型，从而构建数字化桥梁模型，实现模型可视化。模型可视化方便工程进展中的结构分析和施工模拟，将可视化的信息展现出来，有利于复杂构件设计，提高项目进度和效率。

（4）协同化。BIM 技术的使用，可以协调各方专业人员，实现协同作业。设计阶段，通过数据、模型交互，避免理解偏差；施工阶段，利用交互 BIM，方便参与方沟通，以减少信息不畅通带来的弊端。

（5）信息化。将不同构件的名称、编号、功能信息、物理信息、施工信息等看成可操作的对象，以构造信息化。BIM 包含桥梁行为信息和数据信息，进行信息结合后可以形成模型信息化。

2.1.3　BIM 软件

对建设工程而言，任何技术和理念的提出都需要借助科学的工具去实现，BIM 软件是保证 BIM 技术在建设领域应用的良好工具[105]。当前以国外 BIM 软件为主，国产 BIM 软件呈现后续增长态势[106]。由于国情的不同，国外 BIM 软件在国内规范和习惯方面存在一定的缺陷。由国外引进的 BIM 软件在建设全周期的使用过程中存在一定问题，而针对某个阶段的使用较为合适。

近几年，国内高校、研究机构和大型软件开发公司积极探索 BIM 软件的研发与应用，并取得了相当好的研究成果，陆续开发了多款国产 BIM 软件，这些软件在工程建设中发挥了一定的作用。当前世界范围内，工程建设领域常用的 BIM 软件如表 2-2 所示。

这些软件主要针对软件原型系统进行开发，或对 BIM 软件进行二次开发，以扩大目前已有软件的使用范围，增强 BIM 软件在建设工程中的使用性。以项目运营阶段为例，

BIM 软件的交互性不能充分发挥，仍然需要继续提升其水平，对其进行深入研究。统筹管理 BIM 软件在各阶段的协同使用，是未来 BIM 软件发展和研究的方向 [107]。

表 2–2　常用的BIM软件

软件类型	国外软件	国产软件
核心建模	Revit Architecture/Structure/MEP, Bentley Architecture/Structural Building Mechanical Systems, ArchiCAD, Digital Project	
设计方案	Onuma, Affinity	
几何造型	Rhino, SketchUp, Form Z	
可持续性分析	Ecotect, IES, Green Building Studio	PKPM
机电分析	Trane Trace, Design Master, IES Virtual Environment,	博超、 鸿业
可视化分析	3DS Max, Lightscape, Accurender, Artlantis	
结构分析	Etabs, Staad, Robot	PKPM
深化设计	Tekla Structure	探索者
模型检查	Sloibri	
碰撞检查	Navisworks, Projectwise Navigator, Solibri	
运营管理	Archibus, Navisworks	
造价管理	Innovaya, Solibri	鲁班
发布审核	3D PDF, Design review	

2.2　BIM 技术在桥梁施工阶段的应用

对于装配式钢结构桥梁的研究最为关键的是桥墩与基础的连接形式[108]。装配式桥梁不仅要求保证施工的精度与可操控性，还要求桥梁本身能够保持应有的稳定性和承载能力[109]。装配式桥梁结构能够实现工厂生产预制构件、施工现场拼装的建设方式，大幅度提高整体施工效率。装配式桥梁施工是一项复杂程度高、专业性强的生产过程，只有多个工种相互协调配合，才能实现装配式桥梁施工，确保施工过程安全。

在施工过程中，设计人员可以根据 BIM 技术所提供的数据，结合装配式桥梁的特点，实现数据共享；施工人员可以对照不同构件的尺寸信息进行检查和安装，防止出现错误。

BIM 技术可以针对现场存在的问题，建立现场管理方案，保证施工过程中信息和模型的一致性，对施工过程中可能出现的问题做出分析预处理，有效完成重难点施工[110]。施工人员可以根据 BIM 技术的模拟对施工过程中的不合理现象进行识别和规避，以缩短施工周期。BIM 技术在桥梁施工阶段的应用主要体现在施工作业顺序优化、施工进度控制、施工成本控制三个方面。

2.2.1　施工作业顺序优化

在施工过程中，为了保证施工期间的桥梁质量和桥梁结构受力安全，需要进行施工作业顺序的优化，安排合理的作业顺序，根据桥梁面积大小采用不同的作业方式。BIM 中桥梁构件拼装的任务量巨大，如果采用传统的人工管理，可能存在疏漏，且管理难度大，严重时会导致施工困难。因此可以通过 BIM 技术进行施工作业顺序的优化，增强施工作业顺序的合理性，提高施工效率。充分利用 BIM 所包含的信息，对预制构件的安装进行动态虚拟仿真模拟，可以优化施工工序，实现可视化交底。对于建设工程中的立柱吊装，以不影响车辆通行为原则，对立柱安排合理的吊装顺序，如图 2-1 所示。

图 2-1　立柱吊装作业顺序模拟

首先通过设计优化，以达到桥梁稳定性为前提对装配式桥梁预制构件尺寸进行简化，模板通过模块化设计，优化拼装组合，实现良性周转循环。然后采用二维码与 BIM 技术结合的方式，开展信息化管理，这不仅能提高预制构件生产、加工、安装工作效率，还能保证各个施工作业中的施工准确度 [111]。施工建设的工程量和施工作业量可以采用 BIM 技术进行科学的管理计算，避免传统人工核算速度慢、易疏漏、效率低的问题。结合 BIM 技术，借助精细化建模工作，能够对作业顺序、工作量、原材料进行衡量，避免人工核算偏差导致的作业安排不合理，对人工计算中容易忽视的部分重新审核，避免施工原材料浪费 [112]。

根据施工方案的文件和资料，在技术、管理等方面定义施工过程附加信息，并将其添加到模型中，构建施工顺序演示模型。该演示模型应能表示工程实体和现场施工环境、施工机械的运行方式、施工方法和顺序、所需临时及永久设施安装的位置等。对复杂工点作业过程进行施工模拟，找出施工过程中可能存在的动态干涉，优化施工方案。装配式桥梁施工作业顺序模拟，如图 2-2 所示。

图 2-2　装配式桥梁施工作业顺序模拟

2.2.2 施工进度控制

施工进度的管理直接关系到建设工程项目的交付，建设工程的进度控制与管理包括工程施工进度管理和工程工期管理两个方面[113]。传统的施工进度通过横道图和进度曲线进行控制，当实际施工进度与计划施工进度不一致时，需要重新对后续施工进度进行规划和安排，这样就增加了重复劳动，不利于整个施工项目进度的推进。在施工过程中施工质量不合格、施工安全事故发生等都会影响施工进度，拖慢整个工程的进展。采用信息技术处理施工进度中遇到的问题，能够找到科学的解决方法，提高问题处理效率，加快施工进度。

与传统的设计方法相比，BIM 软件建立的三维模型更准确，它可以加快图纸设计，确保施工进度。采用 BIM 技术进行施工进度控制，能够有效保证施工建设的进度。采用信息集成技术将材料采购、物料管理、成本预算等信息上传到应用平台，可以实现集中管理。结合 BIM 技术与 Navisworks 施工模型，引入时间变量，管理人员可以掌握施工进度与时间的变化趋势，能够对剩余施工时间进行控制。用 BIM 技术对施工进度进行控制可以消除信息误差，在发现施工现场与施工计划存在矛盾时，可以及时进行处理，大大提高了项目进行过程中发现问题并对其进行处置的效率。BIM 施工进度的控制界面，如图 2-3 所示。

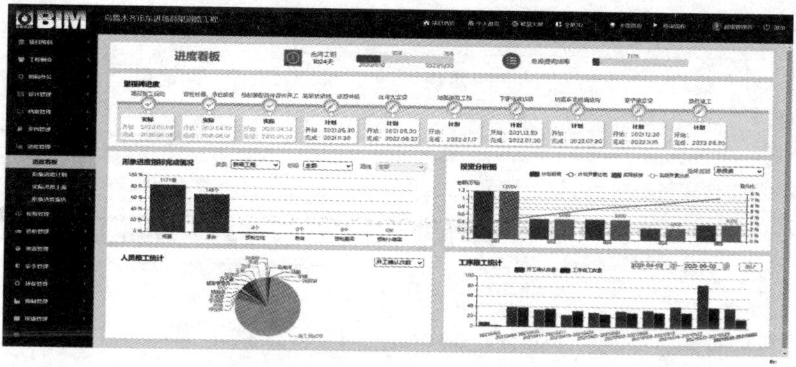

图 2-3　BIM 施工进度的控制界面

在装配式桥梁建设过程中，影响进度的主要因素包括环境因素、物资因素、人为因素、技术因素等。利用 BIM 技术可以弱化以上因素对施工进度的影响，采用科学的管理方法能够对以上因素可能造成的影响进行流程化，最终进行动态控制。

通过调整、确定合理的工作排序和工作周期，进度管理可以在满足项目时间要求的情况下，使资源配置和费用支出达到最佳状态。BIM 技术施工进度管理模块清单，如表 2-3 所示。

表 2-3　BIM技术施工进度管理模块清单

模块	子模块	功能点
施工进度管理	项目进度计划	总进度版本管理
		施工总进度计划
	标段进度计划	版本管理
		总进度计划
		月度计划

（续表）

模块	子模块	功能点
施工进度管理	实际进度管理	开工确认
		工序报工
	形象进度管理	形象进度指标及统计

对施工进度的动态控制可通过以下方式实现：

（1）制订详细施工方案。实地勘察施工现场，掌握装配式桥梁建设的具体位置，并对周围的地质、水文进行调研，针对特殊的地质施工提前规划应对措施。制订施工方案时应考虑当地政策、市场变化、原料价格浮动等多种外界因素。

（2）完善监督管理工作。尽管 BIM 技术对装配式桥梁建设的施工进度控制能力较强，但是工作中难免出现意料之外的问题。例如，在协同工作时出现工作混乱、问题不能及时解决等，因此在管理过程中采用“一人一区域”的管理方法，对某人在某区域的具体工作进行确定，同时要求管理人员对所在区域的管理结果及时报告。

（3）合理调配施工人员。装配式桥梁的施工为多点同步施工，合理调配施工人员能够加快施工进度。施工设备、施工管理人员等通过合理的调配能够避免某施工点的施工进度堆积，打通某区域人员缺少导致的施工进度阻塞，加强各部门的衔接与合作。

进度控制效果可通过查看预制看板进行了解，以乌鲁木齐市东进场高架道路工程为例，预制看板包括预制立柱、预制盖梁、预制防撞护栏、预制小箱梁、预制端横梁、叠合钢结构，如图 2-4 所示。

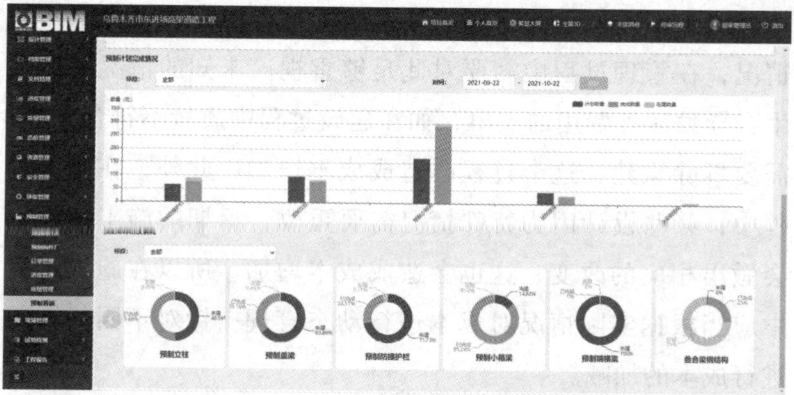

图 2-4　进度控制效果查看页面

通过对控制进度的查看，施工人员可以及时了解施工情况，并根据情况对剩余进度和剩余施工时间进行把控。

2.2.3　施工成本控制

施工成本包括直接成本和间接成本两部分。直接成本包括直接施工人员、施工耗材费用等；间接成本包括管理过程中形成的间接费用。在桥梁设计施工的整个周期均需要进行施工成本的控制，在施工阶段，随着施工的进行产生的费用与计划存在偏差，需要进行成本纠正。

1. 传统成本控制存在的问题

施工成本包括人工成本、施工准备成本、材料成本、间接成本等。在成本的控制中，以成本最低化为控制原则，让全员参与成本控制，在成本管理中不断对超出建设成本的内容进行改正和纠偏，使得最终成本不超过计划成本。传统成本控制存在的问题如下：

（1）不重视动态管理。项目施工过程中存在许多未知的情况，在管理过程中需要对此足够重视。未知的情况突然发生会导致额外费用的支出，如在建设过程中质量不符合要求，需要拆除重建，这个过程会造成成本增加。此外，在施工过程中，某些设计因为特殊情况需要更改，后期的施工流程也会做出相应的改变，这也会造成成本增加。所以在施工过程中应当根据实际情况对成本进行动态管理，针对不同的情况进行成本的加减。

（2）对成本管理的认识不深刻。一般的桥梁和道路建设项目施工周期在 1～3 年，按照最初的设计方案，价格、人工成本等条件可能会发生变化。施工过程中与施工前的成本可能存在较大的差别，对于施工过程中的成本波动应当进行预测分析，可以通过市场的预测和对本行业的分析做出成本估算。对施工过程中存在的原材料价格波动和成本变化应采取相应的应对措施，以保证在成本可接受范围内完成施工。

（3）对施工物资精细化管理不够。施工材料的成本在整个桥梁建设过程中大约占比 60%～70%，通过精细化管理可以对施工材料购买时机、仓储费用、消耗等进行合理安排，这能够避免材料长时间存储，同时能在需要材料时避免长时间等待材料的买进。对材料管理人员、场地、款项进账与支出等进行精细化管理，能够提高整体的协作效率，避免不必要的成本浪费。

（4）成本控制的工作效率低。在传统的项目施工管理中，将纸质材料作为施工记录，受施工现场复杂环境的影响，在遇到影响成本变化的问题时，可能存在不能及时和成本管控人员沟通的情况，导致成本控制的工作效率低下。施工方案和设计方案出现变更时，工程造价需要重新估算，如果不能及时与造价人员沟通，可能会导致工作重复，降低成本管理的效率。

2.BIM技术成本控制方法

在施工过程中应用BIM技术能够有效控制施工成本，控制方法包括钢筋成本控制和成本管理创新应用。

传统的CAD对于复杂结构的节点不能清晰表达，不利于施工建设时各方人员的沟通。因此，可利用BIM技术对钢筋、钢束、结构等进行精细化建模。精细化建模后的复杂结构可直观地展现出三维表达形式，对于图纸中存在的问题可通过可视化的方法进行核查。通过三维模型的建立，对结构开展模拟施工能够及时发现图纸中的问题，这有利于解决问题，避免造成更大的损失。模拟施工中的材料消耗，能作为一种校验形式检查实际施工中钢筋的消耗。结合钢筋明细表，对图纸中的异形钢筋各参数进行标注，方便对钢筋进行准确加工，从而避免加工错误导致的返工或浪费。

开展成本管理创新应用，全景式展现施工现场。以乌鲁木齐市东进场高架道路工程为例，施工现场的3D全景，如图2-5所示。

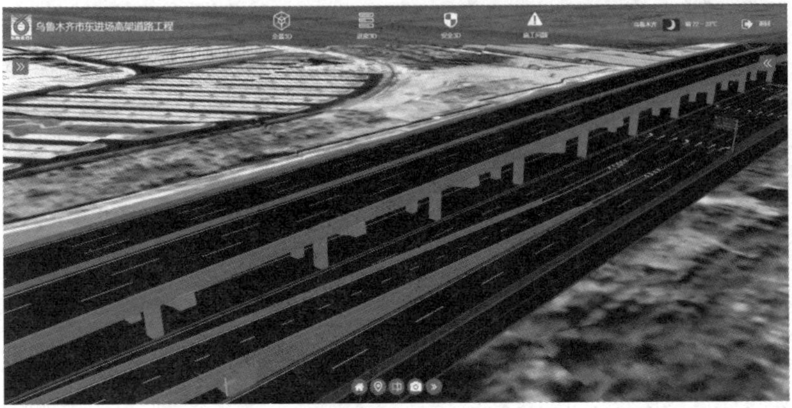

图 2-5 施工现场的 3D 全景

采用 BIM+ 倾斜摄影技术可对土方进行高精度测量，最终实现成本的控制。倾斜摄影以无人机为飞行平台，通过 GPS 定位、数码传感器和地面操作系统，高效生成实景模型，再现周边地形 [114]。倾斜摄影集成位置信息和数字影像，建模流程分为外业航飞和内业数据处理 [115]。外业航飞通过无人机搭载多视角摄像机和定位设备，从垂直和倾斜的角度获得区域图像，内业数据处理利用 Context Capture 软件集成图像数据，经复杂处理得到数字表面模型数据，最终输出三维实体。

利用 BIM+GIS 集成，采用 BIM 技术的标段管理与桥梁精细化管理结合的多层管理，可进一步提高管理水平。协同管理是成本创新管理的具体应用，参建各方在项目建设全过程中可在统一的 BIM 平台上进行基于 BIM 的施工信息可视化、进度可视化、安全可视化，以及施工问题标注查看等操作，以乌鲁木齐市东进场高架道路工程为例，施工进度的 3D 全景如图 2-6 所示。

图 2-6　施工进度的 3D 全景

从施工进度的 3D 全景图可以直接查看工程进度百分比和投资分析图，能够有效把握施工进度和施工过程中的成本控制。在施工成本控制中，施工协同管理模块包含若干个子模块，如表 2-4 所示。

表 2-4　施工协同管理模块清单

模块	子模块
施工协同管理	全景 3D
	进度 3D
	安全 3D
	施工问题

3D 全景展示和模块管理真正达到了 BIM 技术管理的要

求，实现了工程整体视野下的可视化、精细化呈现和管控。这种管理方式可以查看施工时的工作状态、设计信息、维护记录等，出现故障时可以及时通过 BIM 进行快速定位，方便及时解决问题。

2.3 BIM 技术施工分析平台

2.3.1 BIM 技术分析流程

人们将利用先进测量技术（无人机倾斜摄影、航测遥感、激光扫描等）得到的数据作为 BIM 技术基础数据，依托协同施工平台进行施工技术分析，BIM 技术分析流程如图 2-7 所示[116]。

在技术分析过程中，技术人员将 BIM 设计软件与数字化、信息化软件结合，基于数字化勘察设计，生成 BIM。在施工分析平台上将带有各部分数据的 BIM 与环境模型融合，形成大场景下的 BIM。

对大场景下的 BIM 进行桥梁设计合理性、可行性的分析，对设计中存在的模型进行衔接处理，使得各参数能够保持一致，避免产生误差。依托 BIM 技术分析平台，设计人员的设计经确认后进行下一步数字化操作，以确保信息准确[117]。

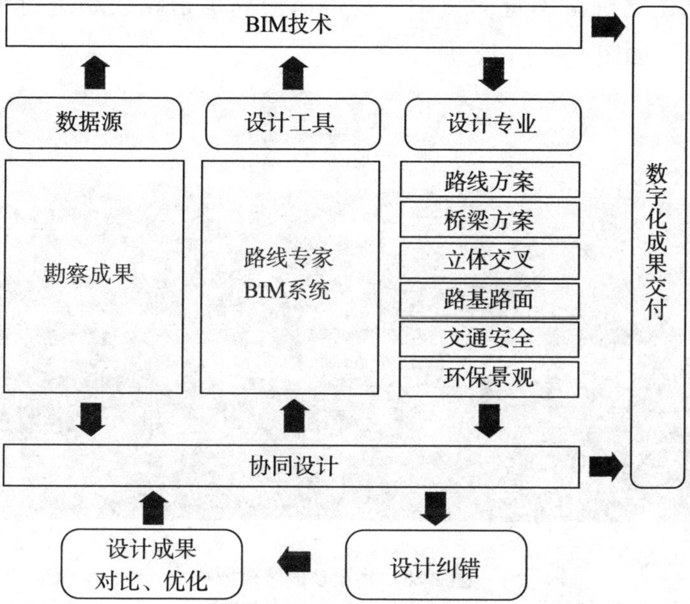

图 2-7　BIM 技术分析流程

2.3.2　BIM 技术施工分析平台

BIM 技术施工分析平台将原来的 3D 模型变成 4D 模型，同时利用 BIM 技术实现可视化建模，在施工模拟的基础上利用 3D 模型或 4D 模型模拟工程建设。

（1）3D 信息模型平台。利用三维建模软件 Revit 等建立装配式桥梁各构件的 3D 模型，可实现可视化和参数化建模。对所有的构件进行可视化管理，使得管理人员能够对每个构件有清晰的了解，这为 4D 施工模拟奠定了基础。

对于装配式桥梁，按照施工模型进行一比一建模，不仅可以建立桥梁本身的模型，还可以对周围道路模型进行细致展示，如图 2-8 所示。

图 2-8　桥梁及道路模型

（2）4D 施工模型平台。在 BIM 技术施工分析平台中，施工模拟的完成主要依赖 Navisworks 进行。4D 施工模拟之前需要接收其他软件的设计数据，对可能存在的碰撞进行检测，优化设计模型，对施工模型中存在的问题进行修改，完成项目计划书，以方便下一步的施工。

4D 施工模型平台可以对整个工程或部分节点进行 4D 模拟，可以按照时间正序或者逆序模拟，具有材质、动画、渲染等显示功能，整个施工过程可实现可视化。

2.4 BIM 技术与智慧建设

2.4.1 施工阶段的智慧建设

智慧建设以物联网、信息技术等建立项目运行的智慧环境，通过技术创新对工程的整个生命周期进行管理和改进[118]。施工阶段的现场管理为智慧建设提供了平台，在这个平台上可以实施精细化管理、动态化管理、可视化管理。同时，将施工阶段的信息和智能化结合，是实现可持续建设与集约化经营的有效途径。智慧建设的管理体系，如图 2-9 所示。

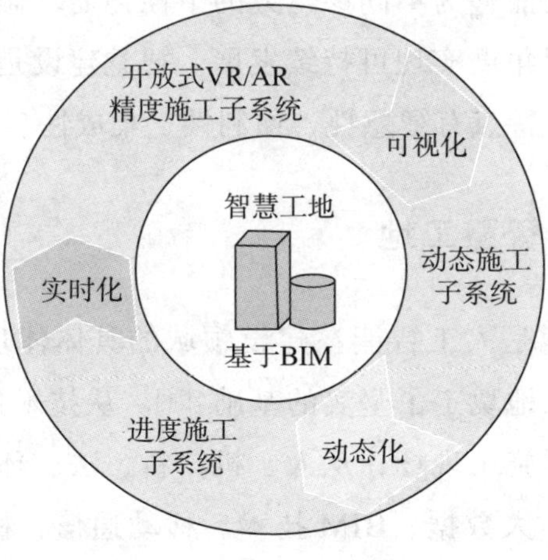

图 2-9 智慧建设的管理体系

智慧建设将BIM、BLM、物联网、智慧城市等新兴技术与传统工程项目充分融合，其核心思想是充分利用BIM和物联网先进手段，使工程项目各个环节高度集成[119]。智慧建设的理论和架构如图2-10所示。

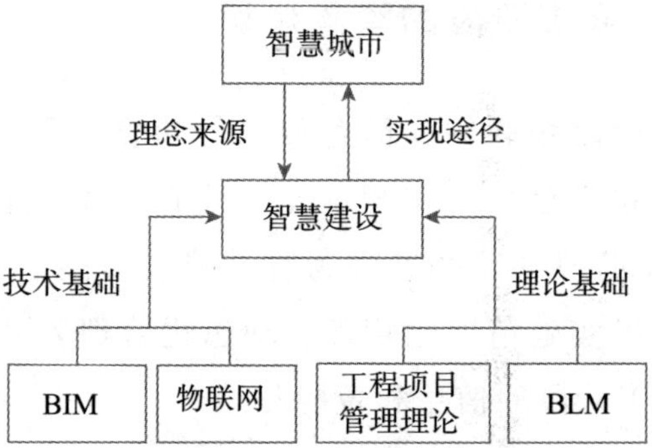

图2-10　智慧建设的理论和架构

智慧建设能够为不同参与方的个性化需求做出智慧响应，从经济和环保角度实现可持续发展。智慧建设是一个复杂的、多目标体系，特点有智慧性、便利性、集成性、可持续性。

2.4.2　智慧工地

智慧工地是人工智能在建设领域的具体体现，数字化的发展为智慧工地奠定了坚实的基础[120]。从技术角度看，智慧工地聚焦工程施工现场，从人、机、料、法、环等因素着手，运用物联网、大数据、BIM技术、移动通信、机器人等进行资源的优化配置；从管理角度看，智慧工地通过信息管理系统，对工程质量、安全生产等过程，以及施工技术、进度、成本等进行管理和改造，以提高现场生产、管理效率[121]。智慧工地能够“了解”工地的过去、“清楚”工地的现状、“预知”工地的未来，对于施工过程中已经发生或可能发生的问题，能够及时做出决策，给出科学的应对方案。

智慧工地采用信息技术手段，在施工过程中互联协同、智能生产、科学管理施工项目，并对施工信息的数据进行分析，实现智能化管理。智慧工地将人工智能、传感技术、虚拟现实等科技引入建筑、机械、人员穿戴、场地进出口等各方面，形成了“物联网”，实现了以智慧方式改进施工人员与管理人员的交互方式，提高了施工管理效率与灵活性。

BIM 协同管理技术可以实现对施工场地的实时查看，通过监控设置可以实现多图监控和监控回放，如图 2-11、图 2-12 所示。

图 2-11　多图监控

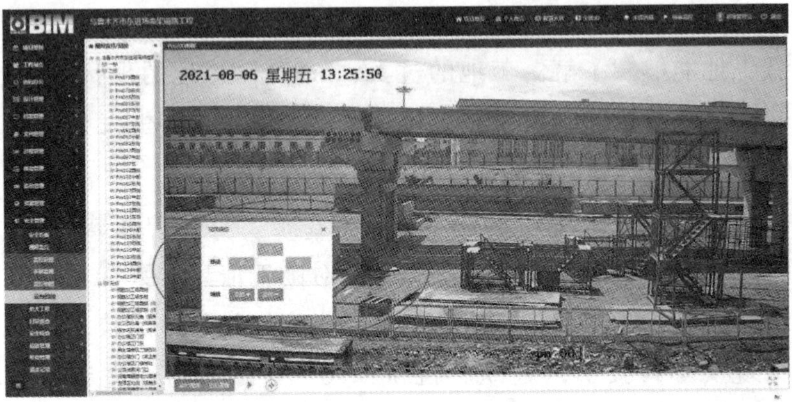

图 2-12　监控回放

此外，智慧工地通过 BIM 协同技术可为人员考勤管理提供解决方案，通过物联网实时数据传输，可对施工人员进行实名制管理，如图 2-13 所示。

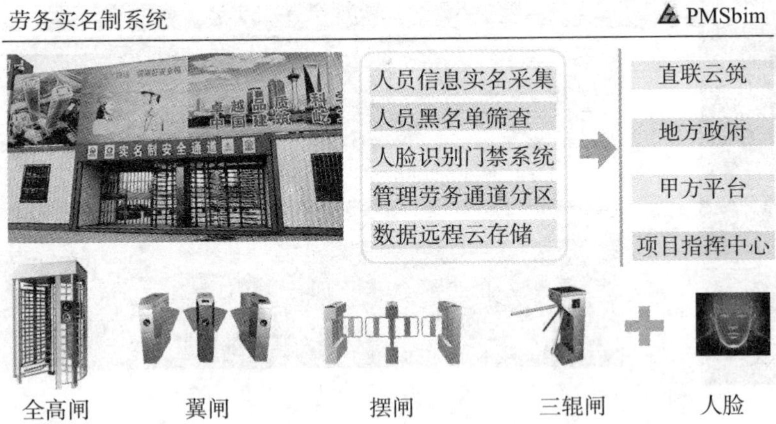

图 2-13　实名制管理方案

对考勤进行管理，采用 AI 无感考勤系统，可支持多人通行，无须排队，避免了传统考勤打卡速度慢、排队时间长的问题。AI 无感考勤系统支持历史数据的溯源，方便对考勤进行总结和统计分析。

在施工过程中，经常需要对施工现场的原材料或车辆进行称重。原材料的入库和出库计量是施工管理的重要部分，对施工项目的高效化、精细化、规范化的实施起到重要作用。计量管理对建设施工中的管理水平和经济效益具有重要影响，建立智能衡量系统，对进出的车辆进行自动化称重并共享称重信息，可以提高称重的效率。

施工现场环境复杂，通过一体化智慧灯杆对项目关键节点，如项目部管理、钢筋厂房管理，进行统一调度，可以达到节约用电，高效、安全的效果。智慧灯杆管理平台，如图 2-14 所示。

图 2-14　智慧灯杆管理平台

智慧灯杆管理平台具有多种功能，不仅能够提供照明灯用电和照明，还能够提供环境监测、宣传视频、音乐播放、智慧 WiFi、设备充电等多种功能，实现多智慧集成。一体化智慧灯杆为工地智慧化、管理先进化提供了一种新的思路。

BIM 技术是智慧建设和智慧工地的基础，智慧工地需要进一步深化对 BIM 技术的应用，将 BIM 技术与实际生产有机结合，以发挥它更大的作用。当前，我国在 BIM 技术方面已培养了大量的人才，越来越多的项目开始应用 BIM 技术，这为智慧工地的全面建设奠定了坚实的基础。

2.5 本章小结

本章以 BIM 基础理论及应用为主要研究内容，包括 BIM 概述、BIM 技术在桥梁施工阶段的应用、BIM 技术施工分析平台、BIM 技术智慧建设。

（1）阐述 BIM 概念和基础理论，对 BIM 技术的核心、技术特征及工程应用进行了分析讨论。列举当前常用的 BIM 软件。从理论技术、技术特征、常用软件三个方面对 BIM 技术进行了综合分析。

（2）指出装配式桥梁的技术特点和研究关键，将 BIM 技术应用于桥梁的装配中，通过多工种配合，提高桥梁装配效率，增强桥梁装配施工的安全性。从桥梁施工阶段 BIM 技术的施工作业顺序优化、施工进度控制、施工成本控制三个方面进行分析，并详细介绍了这三个方面的实现方法。

（3）利用先进测量技术，依托 BIM 平台进行施工分析。在技术分析过程中，技术人员将 BIM 软件与数字化、信息化软件结合，基于数字化勘察设计，生成 BIM。对设计中存在的问题进行衔接处理，使得各参数一致，避免出现设计误差。

（4）BIM 的智慧建设包括施工阶段的智慧建设、智慧工地两个部分。施工阶段的智慧建设能够实现信息化和智能化的结合，搭建智慧建设的理论和架构，使施工阶段各个环节高度集成。智慧工地将多种技术融入建设工地，形成“物联网”，改进了管理人员与施工人员的交互方式，从而使得施工工地的管理更加灵活、效率更高。

第 3 章　装配式桥梁安装精度分析方法

本章结合三维扫描和 BIM 集成原理，在桥梁构件设计、施工过程中将二者集成，充分发挥二者优点。在此过程中，分析生产过程中存在的影响误差的因素，降低非必要误差的影响，对影响装配式桥梁生产、安装精度进行分析，将集成技术精度检测应用于装配式桥梁设计和施工中。

3.1　三维激光扫描技术原理

三维激光扫描技术是一种通过扫描系统精确显示物体的尺寸和形状的技术。三维激光扫描仪可以将形状不规则的实体或实景以数据的形式进行快速存储，形成描绘三维模型点、线、面的多种数据[122]。

三维激光扫描技术是集计算机、激光、机电技术于一体的现代技术，主要用于获取物体表面色彩、强度、反射等信息。三维激光扫描仪通过向被扫描物体发射激光束，被扫描物体接收到激光束后反射回三维激光扫描仪，从而获得被扫描物体的信号信息。信号在发射和接收的过程中能够产生噪声波形，在三维激光扫描仪发射和接收信号之间存在时间差 Δt，根据时间差能够计算距离，公式为

$$\Delta s = \frac{c\Delta t}{2} \tag{3-1}$$

式中，c 为光在真空中的速度，且 $c \approx 2.998 \times 10^8$ m/s。

在三维激光扫描中，发射脉冲信号能够识别、提取和降

低噪声信号，对于垂直和水平角度，脉冲信号能够直接测量。根据角度和距离能够获得 3D 扫描数据。脉冲发射采样，如图 3-1 所示；激光扫描系统基本原理，如图 3-2 所示。

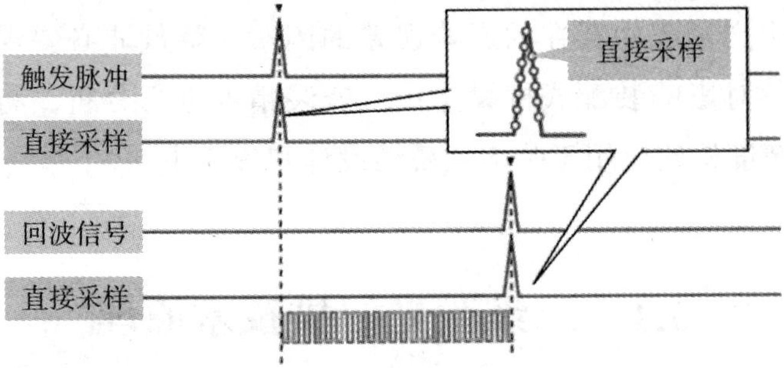

图 3-1　脉冲发射采样

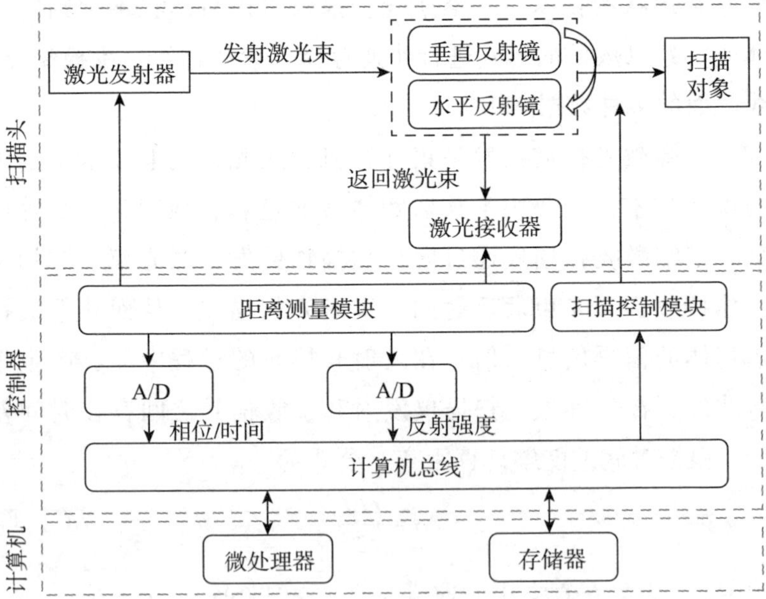

图 3-2　激光扫描系统基本原理

在逆向工程中，由测量仪器获得点的数据的集合称为点云（Point Clouds）[123]。三维激光扫描仪在获取扫描点的坐标后，经过对数据点的存储和表达，能够将数据按照矩阵的方式排列，每个矩阵形成的像素包含一个距离值和两个角度值。矩阵中采样点的坐标为三维坐标，三维坐标直接反应点与点的距离，三维激光扫描仪采集点云的原理，如图 3-3 所示[124]。

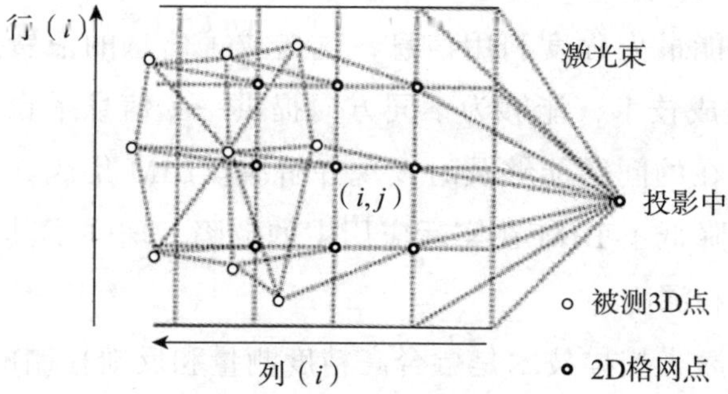

图 3-3　三维激光扫描原理示意图

三维激光扫描物体后，能够获得物体影像、三维坐标、颜色信息。三维激光扫描物体后形成的点云具有密度大、立体化、携带光学信息等特点。

三维激光扫描的结果以点云的信息形式呈现，需要进行数据处理，点云的数据处理可以采用计量、监测、虚拟现实等多种方式实现，在进行数据处理的过程中，不同的处理方法拓展了三维激光扫描仪的应用领域。点云经过数据处理后支持多种软件的输入和识别，如 BIM、动画、CAD 等，能够精准还原被扫描物体的真实信息[125]。点云数据处理支持不同输出格式，可应用于数据对比和点云数据查看。

3.2 BIM 与三维激光扫描技术集成

BIM 技术的一个基本特征是数据信息高度集成，可利用这一特征将其与激光扫描技术集成。传统上，机电、建筑、结构等不同方向存在信息不对称，许多设计和参数信息无法整合，不能最大程度利用信息，这造成了信息的浪费。基于 BIM 的集成技术，能够为不同方向提供一个信息平台，对于设计中存在的问题能够及时发现并解决。BIM 集成其他技术的特点，降低了 BIM 在实际应用中的缺陷，增强了其数据的应用广度和深度。

三维激光扫描技术是融合高精度测量和反馈控制的技术，广泛应用于质量检测、变形检测、尺寸测量等方面。在多种应用方面，三维激光扫描技术综合了多种技术，以质量检测为例，它集成了红外成像技术、超声波检测、BIM 技术等，能够对建筑结构的外部和内部实现精确化、自动化测量和检验。集成多种技术进行质量检测，能够提高多种技术协同工作的效率，避免单一技术应用造成的信息壁垒。

BIM 应用于装配式桥梁构件厂，由于装配式桥梁构件厂的生产和施工受到很多因素的影响，因此仅采用 BIM 技术不能准确判断实际生产和施工情况。将 BIM 与三维激光扫描技术集成，能够解决单一的 BIM 技术无法完全适应生产和施工的问题。BIM 与三维激光扫描技术集成是将依据设计标准创建的 BIM 与经过逆向工程建立的由三维激光扫描技术得到的点云模型进行对比，从而发现存在的误差，并生成误差报告。BIM 与三维激光扫描技术集成，如图 3-4 所示。

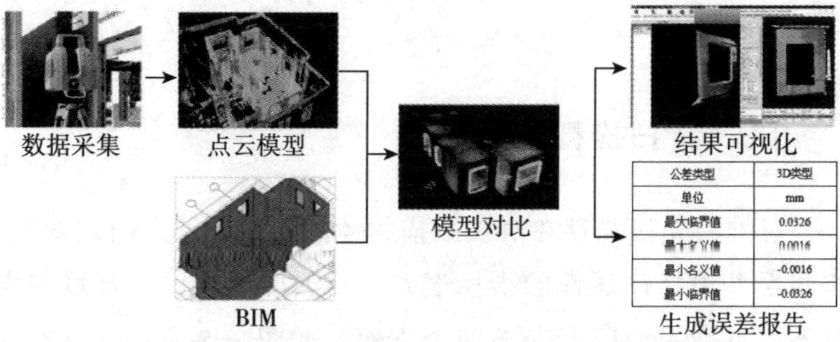

图 3-4 BIM 与三维激光扫描技术集成

在建筑和桥梁的施工过程中，以 BIM 为依据进行作业指导，三维激光扫描技术则采取逆向工程的技术将实际施工场地扫描成点云并处理成模型，将 BIM 与三维激光扫描技术集成能够快速发现施工质量和设计之间存在的偏差[126]。正向施工与逆向工程集成，能够快速检测误差，有利于提高生产效率。

BIM 与三维激光扫描技术集成，首先，通过工程图纸建立准确的 BIM；其次，将激光扫描获得的点导入软件中，软件对模型进行分割、降噪等处理，从而形成需要的点云模型[127]；最后，检测 BIM 和点云模型之间的误差，将检测的误差结果生成误差报告，从而有利于降低误差，加快施工进度。

3.3 技术应用影响因素

3.3.1 扫描精度

三维激光扫描存在对被扫描物体的精度识别方面的误差，这些误差包括仪器性能指标误差、点云匹配误差、环境因素误差、目标表面因素误差四个方面，如图 3-5 所示。仪器性能指标误差和目标表面因素误差都会受分辨率的影响，设置合理的分辨率对于提高三维激光扫描仪的扫描效果尤其重要。

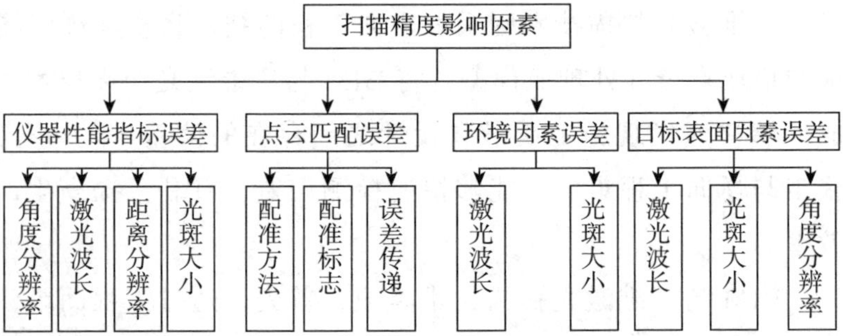

图 3-5　扫描精度影响因素

（1）仪器性能指标误差是三维激光扫描仪自身的问题导致的，它包括距离分辨率、角度分辨率、激光波长、光斑大小[128]。三维激光扫描仪参数设置直接影响扫描精度，合理设置三维激光扫描仪能够减小测量误差。分辨率是影响三维激光扫描仪扫描效果和精度的主要参数，分辨率过高会导致扫描时间长、数据量大，给后期数据处理带来困难；分辨率过低则无法识别关键节点。

（2）点云匹配误差是点云的匹配或拼接存在误差，它包括配准标志、配准方法和误差传递[129]。三维激光扫描时的作业规划、扫描路径等对点云具有影响，因此在进行三维激光扫描时，需要规划好路线，考虑周围环境因素的影响。

（3）环境因素误差包括激光波长和光斑大小两个部分，环境因素导致的误差可以通过选择合适的扫描天气或扫描场所来降低。环境较湿润时，激光的传播受大气折射的影响较大，此时可以通过三维激光扫描仪参数设置纠正环境因素误差的影响。

（4）目标表面因素误差是影响三维激光扫描精度的因素之一，被扫描物体的反射影响表面误差。目标表面因素误差包括角度分辨率、激光波长、光斑大小，它们影响三维激光扫描误差。在对装配式桥梁表面进行扫描时应垂直扫描，选择合适的扫描距离能够减小误差。

3.3.2　工作流程

三维激光扫描技术在工程中应用广泛，从被扫描物体的数据采集到点云对比，都能够采用三维激光扫描技术，不同的工作流程对于扫描结果和精度具有一定的影响。在三维激光扫描过程中，建立合适的工作流程能够提高扫描的精度，降低误差造成的影响，提高三维激光扫描的工作效率。

建立工作流程的重要步骤是工作流程标准化，工作流程标准化包括四部分，即外业采集数据标准化、BIM 建立标准化、内业处理数据标准化、数据导出标准化。

外业数据采集贯穿三维激光扫描的整个过程，对于不规则的预制构件而言，采集过程复杂，点云的数据处理过程需要实现有效分割，部分点云数据需要单独存储。在扫描过程中，参数的设置、扫描时间的设置等都会对模型对比和点云拼接产生影响。在 BIM 建立过程中，应当依据模型中的参数进行建模，以提高 BIM 的精度。扫描完成后，需要按照一定的流程对数据进行标准化和规范化处理。处理后的点云数据需要按照标准的文件格式进行导出。标准化工作流程有利于降低扫描误差和数据处理误差，有利于提高数据的分析、处理效率。

3.3.3 组织架构及资源配置

在三维激光扫描过程中，合理进行组织架构和资源配置优化能够提高三维激光扫描的工作效率，降低非必要误差。在三维激光扫描过程中，需要合理安排通过三维激光扫描仪采集数据、对数据进行处理及 BIM 创建。在预制构件的扫描过程中有多种因素会影响扫描的结果，因此需要明确不同分工、不同职责，做到职责到人，防止扫描过程中点云数据的丢失和遗漏。对于人员配置任务安排一般包括四部分，即扫描操作员、外业采集辅助员、技术工程师和校审员，如图 3-6 所示。

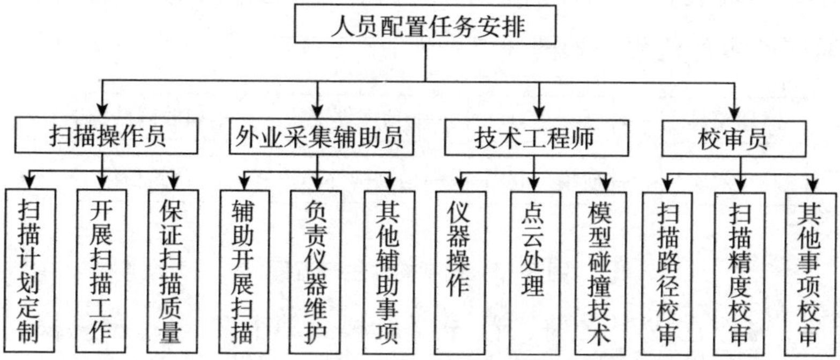

图 3-6　人员配置任务安排

同时，基于 BIM 的三维激光扫描技术的应用场景是装配式桥梁，它应适应于原有 BIM 施工组织设计。对装配式桥梁生产过程及安装进行详细的安排和规划，可以避免资源投入不均衡，如有些地方资源配置过剩，有些地方资源配置不足。对作业人员和设备做出合理的安排，可以保证 BIM 与三维激光扫描技术集成的合理使用和资源优化配置。

3.4　构件误差概述及规范标准

3.4.1　构件生产、安装误差概述

在桥梁构件生产中，不同的操作人员对同一个构件进行作业时可能导致生产的构件尺寸存在较大差别。在生产过程中对其进行控制能够减小这种尺寸误差，避免生产的构件尺

寸差别较大，将构件的质量控制在理想的范围内。预制构件通用的生产流程，如图 3-7 所示。

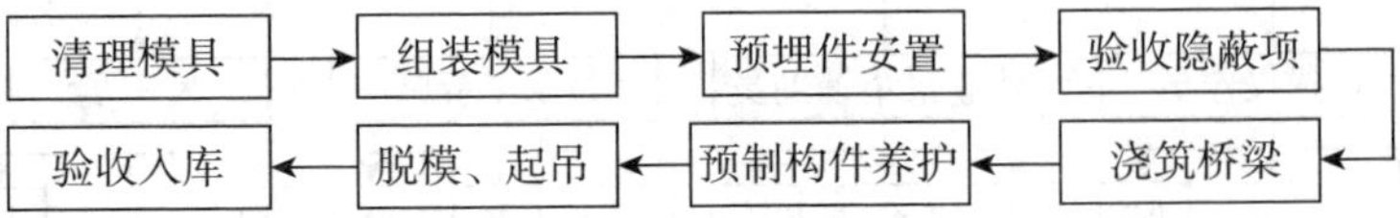

图 3-7　预制构件生产流程

构件在成型之前，首先要对模具进行清理，避免模具内存在杂质，同时应检查模具，对预埋件进行安置，安装钢筋网片。模具的组装对于构件的外形尺寸具有重要影响，模具应当平整，无划痕、锈蚀等缺陷。减小预制构件的生产过程造成的误差有利于三维激光扫描的数据采集，有利于提高 BIM 与三维激光扫描技术集成的效率。

装配式桥梁构件尺寸较大，在吊装、转运过程中轻微的晃动可能导致其发生较大偏移，因此难以将安装误差控制在毫米级。同时，由于工人技术参差不齐和现场装备条件有限，进行精准的构件安装仍然有较大难度。对水平位置的控制可以采用轴线，利用靠尺贴靠轴线可以进行垂直度检测，随着桥墩数量的增加，安装误差也随之增大，需要在安装过程中对其进行校正。采用严格的安装流程能够极大程度减小安装误差，因此在构件进行安装之前需要设计安装和检测方案。预制桥梁构件的安装流程，如图 3-8 所示。

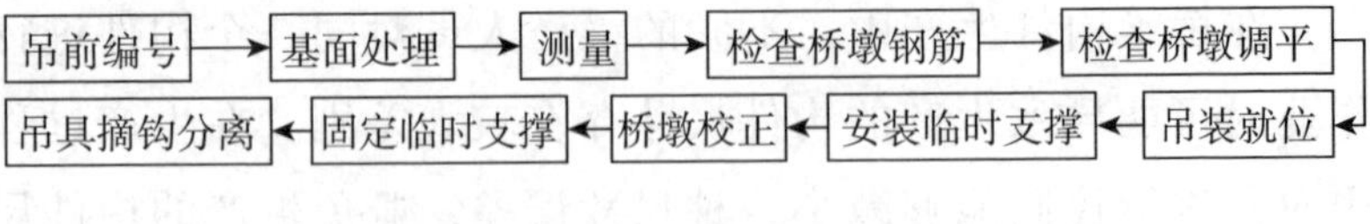

图 3-8　预制桥梁构件的安装流程

在构件安装之前，首先，对墙板进行编号和表面处理，保证墙面清洁无杂质。然后，对墙板进行测量并检查竖向钢筋，检查完毕后设置桥墩调平装置，随后准备吊装。在吊装就位后需要进行临时支撑的安装，保证桥梁和桥墩处于稳定状态，临时支撑安装后进行桥墩的校正，校正完毕将临时支撑固定，防止其晃动。最后，将吊具和桥梁分离，完成预制桥梁构件的安装。

当前，装配式桥梁构件生产、安装效率较低，测量工具相对落后，测量效率低且容易出现测量错误。传统的测量仪器在测量时需要进行逐点测量，不能实现实时监控[130]。采用高质量的测量仪器能够提高测量效率，降低测量误差，常见的高质量高精度测量仪器，如图 3-9 所示。

高质量高精度测量仪器的使用导致桥梁建筑等工程成本的提高[131]，因此，为了考虑和平衡成本问题，先进的生产企业和制造商也可能会存在测量精度问题。

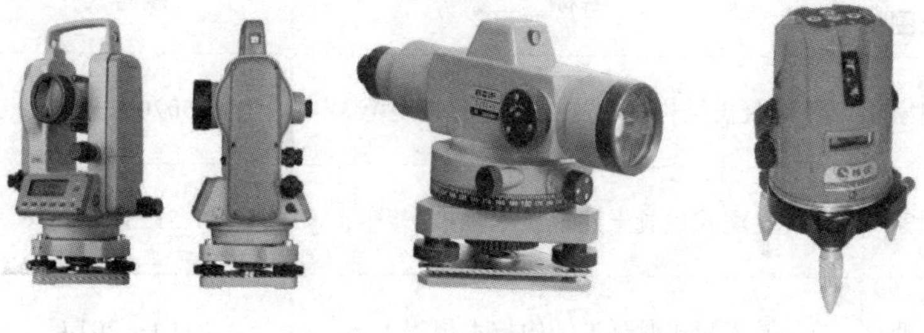

（a）（b）（c）

图 3-9 常见的高质量高精度测量仪器

（a）经纬仪；（b）水准仪；（c）水平仪

三维激光扫描作为检验生产、安装测量的高精度方式，不同于普通的定位误差。传统测量误差受到工具、环境、读数的影响，且主要是测量点、线的误差，以三维激光扫描为代表的三维空间的测量具有较大的发展空间。

3.4.2 构件误差规范标准

预制桥梁构件在生产、安装过程中的质量控制是对工程质量产生重要影响的过程。建立合理的构件误差检测规范有助于降低误差，提高工程质量。对质量精度进行控制需要选择合适的控制和检测标准，指标宽泛可能导致施工质量不能满足建筑结构要求。近年来，随着我国建筑的不断发展，相关的建筑规范标准也经过了不断的修改和完善，在装配式桥梁结构验收和检测方面有许多标准和规范，如表 3-1 所示。

表 3-1 装配式桥梁结构验收和检测相关规范标准

适用范围	名称	编号
国家	《混凝土结构工程施工质量验收规范》	GB 50204—2015
国家	《装配式混凝土建筑技术标准》[132]	GB/T 51231—2016
行业	《装配式混凝土结构技术规程》	JGJ 1—2014
行业	《装配式住宅建筑检测技术标准》	JGJ/T 485—2019

（续表）

适用范围	名称	编号
北京市	《装配式混凝土结构工程施工与质量验收规程》	DB11/T 1030—2013
河北省	《装配式混凝土剪力墙结构施工及质量验收规程》	DB13(J)/T 182—2015
四川省	《四川省装配式混凝土结构工程施工与质量验收规程》	DBJ51/T 054—2015
广东省	《装配式市政桥梁工程技术规范》	DBJ/T 15-169—2019

装配式桥梁构件的生产依照国家、地方标准制定的图纸进行，该过程可能产生误差，需要分析误差产生的原因，对生产过程中的质量问题严格把控。三维激光扫描检测依据国家和地方标准对装配式桥梁结构进行检测，对主要的项目进行分析。对于预制构件采用严格的检验位置和取值方法，允许误差在一定范围内，如表 3-2 所示。

表 3-2　预制构件检验及允许偏差

序号	项目	检验位置	取值方法	允许偏差 /mm
1	厚度	检查板四边中间和四角	偏差绝对值最大	± 2
2	宽度、高度	检查中间和两端	偏差绝对值最大	± 3

装配式桥梁预制构件的生产需要按照严格的检验规程进行

检验，安装过程同样会产生误差，安装也需要按照一定的检验标准进行检验。预制构件安装检验及允许偏差，如表 3-3 所示。

表 3-3　预制构件安装检验及允许偏差

序号	项目		检查方法	允许偏差 /mm
1	构件标高	墙、柱、梁、顶面或板底	尺量、拉线测量	± 5
2	对称线（构件中心线）位置	水平构件	经纬仪测量	5
		竖向构件		8
		基础		15

装配式预制构件生产完成后的工序是安装，安装依据标准和规程进行。预制构件的安装在水平方向上的允许偏差和垂直方向的允许偏差不同，三维激光主要对构件标高、水平构件、竖向构件进行扫描，扫描依据标准和规范进行。在对楼板放线进行扫描时，若发现不合格，需要及时与钢筋负责人联系，并进行调整。

3.5　构件公差数值分析

3.5.1　公差理论概述

在预制构件的装配过程中，偏差越小的构件安装越精密，有些安装误差是无法避免的，此时需要分清允许偏差的极限尺寸，以便改进生产过程或安装工艺。在工厂生产过程中，构件的生产工艺改进是提高构件合格率和降低误差的主要手段，对构件尺寸进行测量和分析能够及时发现存在的误差。公差理论对公差是否符合规定进行了规定。公差是指生产中的最大极限尺寸减去最小极限尺寸，一般表示为

$$\mathrm{IT}(\delta X) = X_{\max} - X_{\min} \tag{3-2}$$

式中，IT 表示上下偏差之间的差值（公差）；$X_{\max}$表示最大极限尺寸；$X_{\min}$表示最小极限尺寸。

公差是影响构件加工、安装的重要指标，在符合规定范围内进行替换不会影响最终的装配。公差的大小决定了部件的配合和间隙，在必要时能够进行适当的调节。生产过程、加工成本、加工人员的熟练程度直接影响构件的公差，对于装配式构件而言，公差精度越高则对公差的要求越高。对公差不符合要求的构件可以进行更换，采用数据分析能够实现更加准确的构件替换。

3.5.2　公差数值分析

公差的数值分析主要针对三个方向的误差进行测量，如图 3-10 所示。所有的构件生产、安装都能够进行分组，构件的测量结果符合正态分布特征，正态分布曲线是概率论中常见的曲线，是一种中间凸出、两端下凹的对称型曲线。装配式构件的公差服从正态分布，函数表达式为

$$y = p(x) = \frac{1}{\sigma\sqrt{2\pi}} \mathrm{e}^{-\frac{1}{2}\left(\frac{x-\mu}{\sigma}\right)^2} \quad (-\infty < x + \infty，\ \sigma > 0\text{为常数}) \tag{3-3}$$

$$\sigma = \sqrt{\sum_{i=1}^{N}(X_i - \mu)^2} \quad (3\text{-}4)$$

式中，σ 表示标准差；μ 表示平均值；X_i 表示随机测量值。对于装配式构件，σ 越大表明集中程度越小，分散度越大。

在预制构件生产过程中，采用 3σ 原则，这一原则的含义为 99.73% 的产品应当在 $\mu \pm 3\sigma$ 区间内。根据这一原则，上、下偏差的极限尺寸可以表示为

$$\begin{cases} T_u = \mu + 3\sigma \\ T_l = \mu - 3\sigma \end{cases} \quad (3\text{-}5)$$

式中，T_u 和 T_l 分别为上、下偏差。

采用三维激光扫描技术获得实际尺寸，然后对比公差范围得到偏差结果，最后根据误差数据的分布规律确定实际数据分布规律。

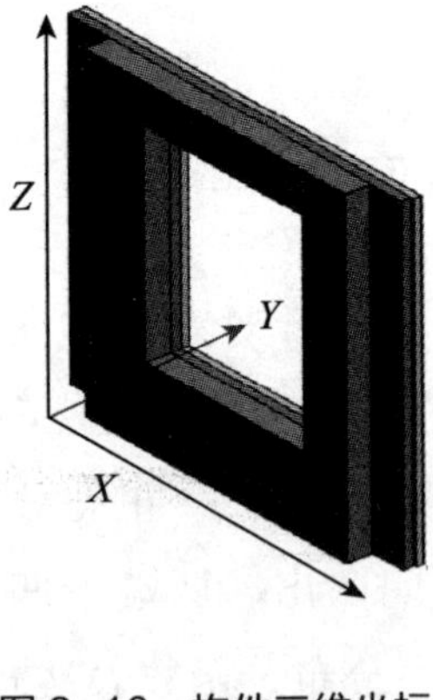

图 3-10　构件三维坐标

3.6 本章小结

本章以 BIM 集成与三维激光扫描原理为出发点，集成二者的优点，将其应用于装配式桥梁构件的检测和误差分析中，主要结论如下：

（1）分析三维激光扫描技术的原理和特点，考虑其显著的技术优势和测量精确度，将其应用于装配式构件的扫描。

（2）综合分析 BIM 技术与三维激光扫描技术，将二者集成使用，集成后能够对装配好的构件与理论构件进行对比。

（3）对三维激光扫描产生的误差和人工操作产生的误差进行分析，对三维激光扫描仪的性能指标误差、点云匹配误差、环境因素误差、目标表面因素误差等进行分析，对于不同的误差，分析减小误差可用的方法。

（4）分析和总结装配式桥梁构件的国家、行业和地方规范标准，按照这些规范标准对如何提高构件精度和安装精度进行分析，以减少非必要误差，最大程度提高构件的生产和安装精度，保证误差在符合规定的范围之内。

（5）分析构件公差数值，对已经生产、安装的构件在 *X*、*Y*、*Z* 三个方向进行误差分析，依据公差理论和误差分布理论对构件的误差数据进行分析。

第 4 章　施工质量检测方法

本章主要研究装配式桥梁施工过程中的质量检测问题，基于机器视觉技术，通过对预制构件几何特征提取、垂直度和平整度分析，对装配式桥梁的预制构件进行质量检测，同时，对预制构件的拼装方法进行研究。

4.1　预制构件几何特征提取方法

由于预制构件的生产不在施工现场，构件的尺寸应有较高的精度，以保证拼装成功。因此对预制构件的测量十分重要，要求测量应当具有一定的准确性[133]。对施工后的质量进行检测，传统人工检测方法效率低、人为干扰因素大，采用几何特征提取的方法能够快速检测[134]。对装配式桥梁进行点云数据的提取，可以获得桥梁的尺寸信息，预制构件的测量技术路线如图 4-1 所示。

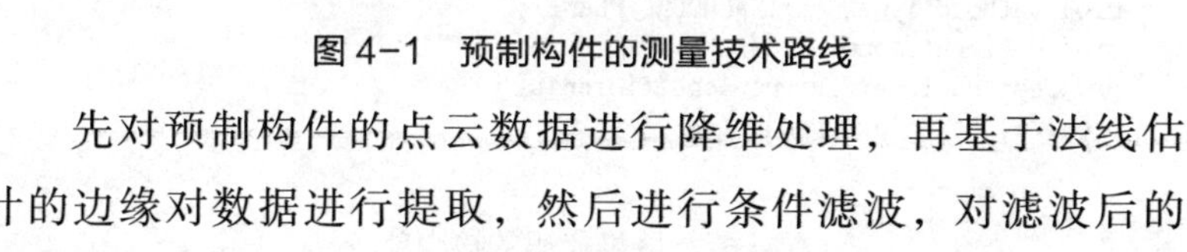

图 4-1　预制构件的测量技术路线

先对预制构件的点云数据进行降维处理，再基于法线估计的边缘对数据进行提取，然后进行条件滤波，对滤波后的数据进行直线拟合，直线拟合时采用最小二乘法得到要求的直线方程，根据直线方程的关系计算出预制构件的尺寸。

4.1.1 点云数据降维

计算机处理复杂的点云图像需要花费较长时间，通过降维处理可将点云数据进行压缩[135]。装配式桥梁多为长方体，生成的点云数据需要进行降维处理。降维后的点云数据基本由平面组成，同时基于法线估计的边缘对平面进行处理的效果更好、效率更高。因此，需要对扫描的点云数据进行降维处理。

点云数据降维采用参数化平面投影实现，平面方程如下：

$$Ax + By + Cz + D = 0 \tag{4-1}$$

假设 A、B、C、D 代表确定的投影平面，将预制构件的点云数据投向投影平面，投影后该平面 z 坐标均为 0，然后提取（x，y）坐标，完成点云数据从三维向二维的降维。降维处理需要编写降维代码，降维代码的核心部分，如图 4-2 所示。

```
// 创建一个系数为A=B=0,C=1的平面
pcl::ModelCoefficients::Ptr coefficients(new pcl::ModelCoefficients());
coefficients->values.resize(4);
coefficients->values[0] = 0;
coefficients->values[1] = 0;
coefficients->values[2] = 1.0;
coefficients->values[3] = 0;
// 创建滤波器对象
pcl::ProjectInliers<pcl::PointXYZRGB> proj;
proj.setModelType(pcl::SACMODEL_PLANE);
proj.setInputCloud(cloud);
proj.setModelCoefficients(coefficients);
proj.filter(*cloud_projected);
```

图 4-2 降维代码的核心部分

为了验证点云数据降维处理的效果，对装配式桥梁和装配式桥墩的点云数据进行降维处理，将桥墩点云数据向 X–Z、

Y–*Z* 平面投影，桥梁点云数据向 *X*–*Y*、*Y*–*Z* 平面投影，所得结果如图 4–3 所示。

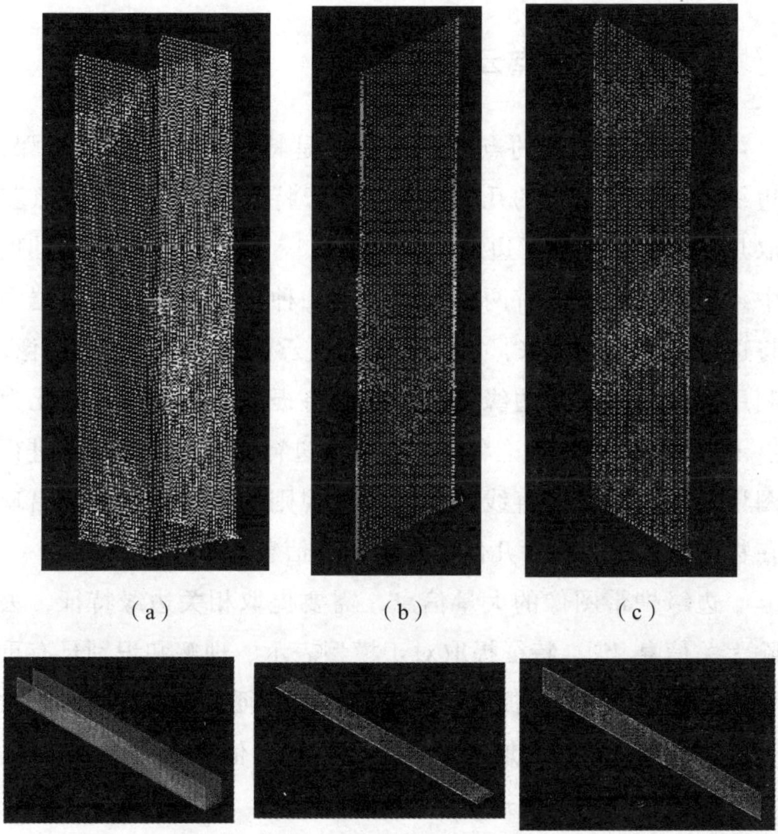

图 4–3　装配式桥墩和桥梁点云数据降维处理

（a）桥墩原始点云；（b）桥墩 *X*–*Z* 平面投影点云；（c）桥墩 *Y*–*Z* 平面投影点云；（d）桥梁原始点云；（e）桥梁 *X*–*Y* 平面投影点云；（f）桥梁 *Y*–*Z* 平面投影点云

由图 4–3 可知，经过平面投影，点云数据的降维处理良好，将三维转化为二维，完成了预制构件的数据降维。点云数据降维能够减少运算量，提高运算效率，从而提高对数据处理的效率。

4.1.2 边缘点云数据提取

预制构件边缘的点云数据提取是特征提取的重要步骤，边缘特征包含重要的几何信息，点云特征提取从三维原点获取几何特征，提高了边缘提取的精度 [136]。在点云数据的处理中，边缘信息提取有两种方式，第一种是直接从点云数据中将边缘数据提取出来，第二种是将点云数据转化为深度图像，利用图像处理提取边缘特征，然后将提取的边缘特征转化为点云数据 [137-138]。无论利用何种方法进行边缘提取都需要进行图像分析，边缘的直线特征是一种规则的散点集，通常出现在物体的边缘，包含几何信息和拓扑信息 [139]。

边缘携带图像的大量信息，需要提取相关边缘特征，去除无关信息 [140]。特征提取对于模型表示、理解和识别具有重要作用 [141-142]。特征提取的关键是构造特征点识别算子，刘致远等利用 Lidar 获取地下管廊点云数据，依靠 RANSAC 算法对目标进行分割，快速获取点云轮廓 [143]。王丽辉等基于特征点的三维扫描，采用曲率算法和法向矢量进行特征点检测和提取 [144]。赵春海利用基于法向量波动的方法进行点云数据的划分，并进行邻域搜索 [145]。这些研究能够对点云数据进行提取，并获得特征边缘。

本节采用第一种方式，直接从点云数据中提取边缘。三维激光扫描获得的点云数据较为无序，需要获取边缘点。提取边缘点首先需要从众多的点云数据中判断边缘，采用第一种方法可以通过对比邻域内其他点在切面上的投影向量夹角进行边界点判断。提取边缘数据的算法步骤如下：

（1）用最小二乘法对点 P 及邻域点 P_i（i=1,2,⋯, k）切平面进行拟合。平面方程的一般式为

$$z=-\frac{A}{C}x-\frac{B}{C}y-\frac{D}{C}(C\neq 0) \tag{4-2}$$

记

$$\begin{cases} A_1=-\dfrac{A}{C} \\ A_2=-\dfrac{B}{C} \\ A_3=-\dfrac{D}{C} \end{cases} \tag{4-3}$$

则

$$z=A_1x+A_2y+A_3 \tag{4-4}$$

在平面上，设邻域点有 k 个，其对应最小二乘方程为

$$S=\sum_{i=1}^{k}(y_i-z)^2 \tag{4-5}$$

欲使 S 值最小，需要满足如下条件：

$$\frac{\partial S}{\partial A_j}=0\ (j=1,2,3) \tag{4-6}$$

即

$$\begin{cases}\sum_{i=1}^{k}2(y_i - A_1x - A_2y - A_3)x = 0\\ \sum_{i=1}^{k}2(y_i - A_1x - A_2y - A_3)y = 0\\ \sum_{i=1}^{k}2(y_i - A_1x - A_2y - A_3) = 0\end{cases} \tag{4-7}$$

改写为矩阵形式：

$$\begin{bmatrix}\sum x_i^2 & \sum x_iy_i & \sum x_i\\ \sum x_iy_i & \sum y_i^{\ 2} & \sum y_i\\ \sum x_i & \sum y_i & n\end{bmatrix}\begin{bmatrix}A_1\\ A_2\\ A_3\end{bmatrix} = \begin{bmatrix}\sum x_iz_i\\ \sum y_iz_i\\ \sum z_i\end{bmatrix} \tag{4-8}$$

对方程进行求解，能够得到参数 A_1、A_2、A_3 的值，将这些值代入式（4-4）即可求得平面方程。

（2）求得切平面后，将点 P 及邻域点 P_i（i=1,2,⋯, k）投向切平面。在切平面中，设点 P_i（x_i,y_i,z_i）的投影点为 $P_i'(x_i', y_i', z_i')$，P_iP_i' 的参数方程为

$$\begin{cases}x = x_i - At\\ y = y_i - Bt\\ z = z_i - Ct\end{cases} \tag{4-9}$$

将点$P_i'(x_i', y_i', z_i')$代入切平面方程，得

$$t = \frac{Ax_i' + By_i' + Cz_i' + D}{A^2 + B^2 + C^2} \tag{4-10}$$

将 t 代入式（4-9）即可求出投影点坐标。

（3）以点 P 的投影点P'为起点，$P_i'(i = 1, 2, \cdots, k)$为终点定义向量$\boldsymbol{P'P_i'}(i = 1, 2, \cdots, k)$。所得投影向量如图 4-4 所示。

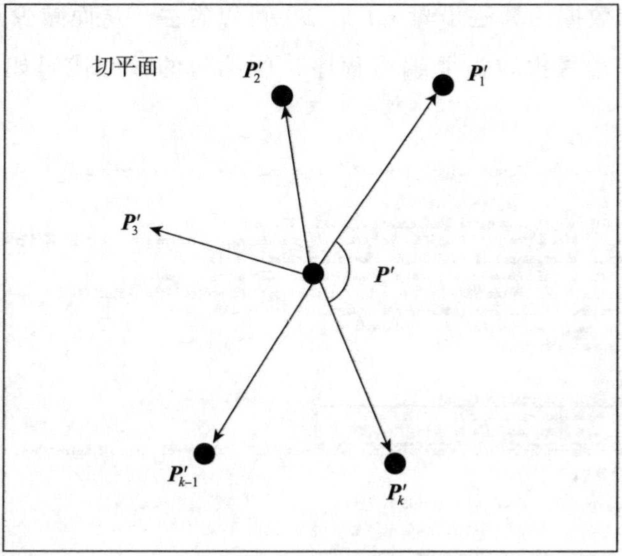

图 4-4　投影向量示意图

在投影向量中任取一向量 $\boldsymbol{P'P'_{k-1}}$，该向量与切平面法向量的向量积设为向量 $\boldsymbol{v}$，再分别计算出向量 $\boldsymbol{P'P'_i}(i=1,2,\cdots,k-2,k)$ 与向量 $\boldsymbol{P'P'_{k-1}}$ 及向量 $\boldsymbol{v}$ 的夹角 α_i、β_i，若 $\beta_i \geqslant 90°$，则 $\alpha_i = 360° - \alpha_i$。对求得的 α_i 进行排序，相邻向量间夹角为

$$\delta_i = \begin{cases} \alpha_i (i=k-1) \\ \alpha_{i-1} - \alpha_i (i=2,3,\cdots,k-2) \\ 360° - \alpha_i (i=1) \end{cases} \tag{4-11}$$

（4）求得夹角后，对相邻向量间的最大夹角 $\delta_{\max}$ 与角度阈值进行比较，如果大于阈值，定义为边界点，将该数据收集。

点云数据降维之后由立体点云变成平面点云，因此，提取边缘数据的算法步骤（1）（2）可以省去，从而减少了计算时间。边缘提取需要编写程序，所编写的核心代码如图 4-5 所示。

```
ıt estimateBorders(pcl::PointCloud<pcl::PointXYZ>::Ptr &cloud, float re, float reforn)


   pcl::PointCloud<pcl::Boundary> boundaries; //存储边界估计结果
   pcl::BoundaryEstimation<pcl::PointXYZ, pcl::Normal, pcl::Boundary> boundEst; //进行边界特征估计
   pcl::NormalEstimation<pcl::PointXYZ, pcl::Normal> normEst;//法线估计
   pcl::PointCloud<pcl::Normal>::Ptr normals(new pcl::PointCloud<pcl::Normal>);
   pcl::PointCloud<pcl::PointXYZ>::Ptr cloud_boundary(new pcl::PointCloud<pcl::PointXYZ>);
   normEst.setInputCloud(pcl::PointCloud<pcl::PointXYZ>::Ptr(cloud));
   normEst.setRadiusSearch(0.05); //法线邻域半径
   normEst.compute(*normals);

   boundEst.setInputCloud(cloud);
   boundEst.setInputNormals(normals);
   boundEst.setRadiusSearch(0.16); //边界邻域半径
   boundEst.setAngleThreshold(M_PI / 2); //阈值设定
   boundEst.setSearchMethod(pcl::search::KdTree<pcl::PointXYZ>::Ptr(new pcl::search::KdTree<pcl::PointXYZ>));
   boundEst.compute(boundaries);

   for (int i = 0; i < cloud->points.size(); i++)
   {

       if (boundaries[i].boundary_point > 0)
       {
           cloud_boundary->push_back(cloud->points[i]);
       }
   }//存储估计为边界的点云数据
```

图 4-5　边缘提取核心代码

其中，边界邻域半径和阈值两个参数提取对边缘提取具有重要的影响。点云边缘提取是描述模型曲面的重要特征，对边缘进行判断和提取需要准确描述点云数据几何形状特征 [146]。

将图 4-3（e）中桥梁 *X-Y* 平面点云边界点作为数据提取点，采用不同阈值提取边界的点云数据，提取的效果如图 4-6 所示。由图 4-6 可知，阈值大小与点云边界存在一定的关系，阈值大小不同时，点云提取的边界也不同。当角度阈值 thresh 过小时 [见图 4-6（b）]，thresh= $\pi/4$，在边缘提取时很多内部点被当成边界点，不能达到边缘提取的效果；当角度阈值 thresh 过大时 [见图 4-6（d）] 所示，thresh= $3\pi/4$，在边缘

提取时边缘点云稀疏，导致边缘数据缺失；当 thresh= π / 2时，在边缘提取时能够获得较为完整的边界信息，内部点云数据不会对边界造成干扰，能够达到良好的边缘提取效果。所以，在边缘提取时将角度阈值 thresh= π / 2作为阈值设定值。

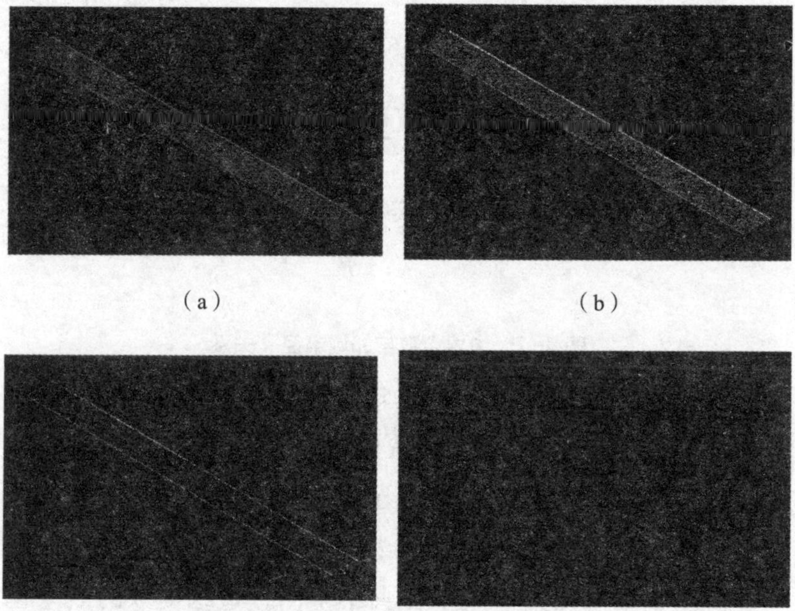

图 4-6　不同阈值下边缘提取效果

（a）*X-Y* 平面投影点云（14 898 个点）;（b）thresh= π/4 （11 311 个点）;（c）thresh= π/2 （1 323 个点）;（d）thresh= 3π/4 （200 个点）

对不同邻域半径进行边缘提取，边界点数与邻域半径 *R* 的关系曲线如图 4-7 所示，边缘提取效果如图 4-8 所示。

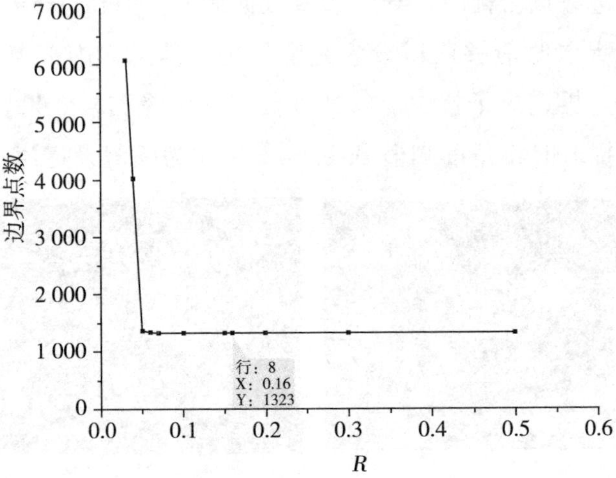

图 4-7　边界点数与邻域半径 R 关系

由图 4-7 可知，边界点数随着邻域半径的增大而减少。当 $R < 0.05$ 时，边界点数随着 R 的增大急剧减少；当 $R > 0.05$ 时，边界点数变化趋势放缓；当 $R > 0.16$ 时，边界点数维持在稳定水平，边界点数量为 1 323 个。

由图 4-8 可知，邻域半径大小不同，边缘提取的效果也不同。当邻域半径过小时，提取的边界不够清晰，许多内部点被错误地提取为边界点；当邻域半径逐渐增大时，能够较好地提取边界；当邻域半径大于 0.16 时，提取的边界点稳定在恒定水平，不再出现变化。所以，为了达到良好的边缘提取效果，设置邻域半径 R 的值为 0.16。

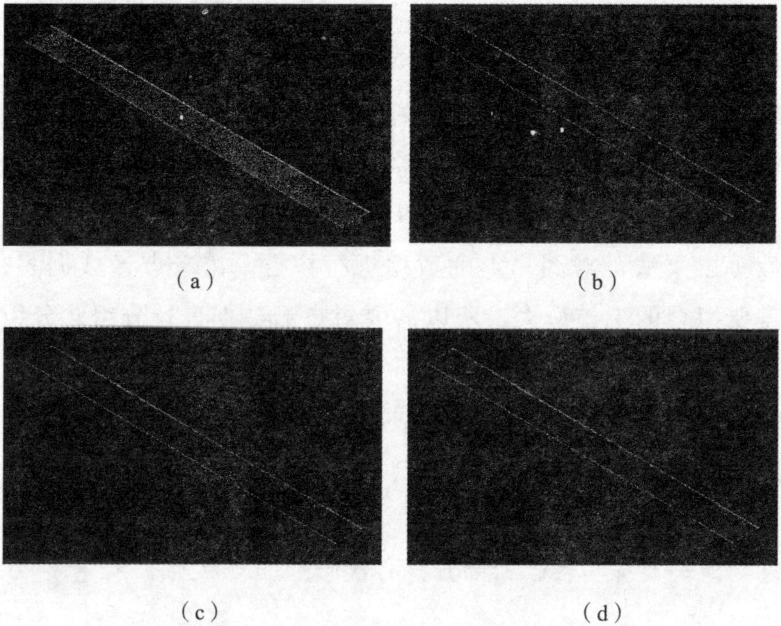

图 4-8 不同 R 值下边缘提取效果

（a）R=0.03（6 074 个点）;（b）R=0.05（1 372 个点）;（c）R=0.16（1 323 个点）;（d）R=0.5（1 323 个点）

4.1.3 直线拟合

在对预制构件的边缘进行提取后，需要按照一定的要求拟合边缘，边缘拟合可用于获得尺寸信息[147]。常见的拟合边缘方法有霍夫变换法、最小二乘法等。在这些直线拟合的方法中，霍夫变换法多用于提取可表达的参数化图形，如直线、圆弧等。为了达到较好的拟合效果，采用最小二乘法对直线进行拟合，拟合后得到直线方程，通过直线方程的计算可以得到预制构件的尺寸[148]。最小二乘法容易受到异常点的干扰，影响定位精度[149]，可以采用条件滤波降低干扰，提高直线拟合的精度。直线边缘点的定位精度直接影响中心点的提取精度，在图像梯度方向上，高斯分布的中心点精度最高[150]。

预制构件边缘提取后所得的边缘特征图像为矩形，采用最小二乘法可对图形上的数据进行拟合。由于点云数据多，需要拟合的工作量大，所以需要对点云数据进行分组，分组后的每组数据变少，能够提高直线拟合的定位精度。采用条件滤波的方式对边缘点云数据进行分组，把采集的点云数据分为四组，然后保存，最后进行直线拟合。

条件滤波是一种数据处理方式，用以去除干扰数据，条件滤波需要编写代码，部分核心代码如图 4-9 所示。

```
//条件滤波
// 创建环境
pcl::ConditionAnd<pcl::PointXYZ>::Ptr range_cond(new
    pcl::ConditionAnd<pcl::PointXYZ>());
range_cond->addComparison(pcl::FieldComparison<pcl::PointXYZ>::ConstPtr(new
    pcl::FieldComparison<pcl::PointXYZ>("x", pcl::ComparisonOps::GT, 340.025)));//x大于340.02
range_cond->addComparison(pcl::FieldComparison<pcl::PointXYZ>::ConstPtr(new
    pcl::FieldComparison<pcl::PointXYZ>("x", pcl::ComparisonOps::LT, 340.053)));//x小于340.053
range_cond->addComparison(pcl::FieldComparison<pcl::PointXYZ>::ConstPtr(new
    pcl::FieldComparison<pcl::PointXYZ>("y", pcl::ComparisonOps::GT, 93.800)));//y大于93.800
range_cond->addComparison(pcl::FieldComparison<pcl::PointXYZ>::ConstPtr(new
    pcl::FieldComparison<pcl::PointXYZ>("y", pcl::ComparisonOps::LT, 99.940)));//y小于99.940
// 创建滤波器
pcl::ConditionalRemoval<pcl::PointXYZ> condrem;
condrem.setCondition(range_cond);
condrem.setInputCloud(cloud);
condrem.setKeepOrganized(true);
// 应用滤波器
condrem.filter(*cloud_filtered);
```

图 4-9　条件滤波部分核心代码

对图 4-3（e）中桥梁 X-Y 平面的点云数据进行提取并分组，由于点云数据 z 坐标的均值为 0，因此在滤波中只需要考虑 x、y 的范围即可实现点云数据分组。对点云数据进行滤波分组，将其分为左、右、上、下四组，边缘点云数据条件滤波分组所得结果，如图 4-10 所示。

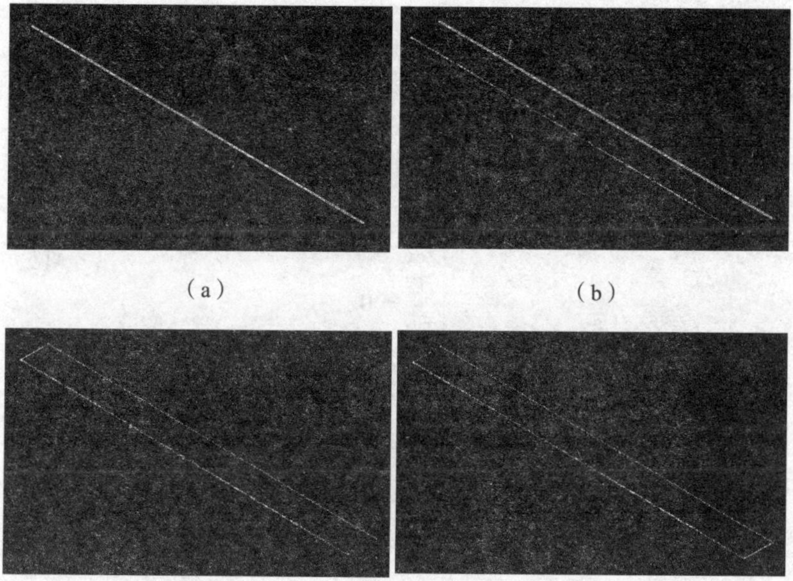

（a）　（b）　（c）　（d）

图 4-10　边缘点云数据条件滤波分组

（a）左边点云；（b）右边点云；（c）上边点云；（d）下边点云

对边缘数据分组结束后，采用最小二乘法对分组后的点云数据进行直线拟合，直线拟合的步骤如下：

（1）若一组点云数据 $P_i(x_i, y_i)(i=1,2,\cdots,k)$，近似分布在一条直线上，则可假设这条直线的方程为

$$\varphi(x) = a + bx \qquad (4\text{-}12)$$

（2）在该组点云数据中，所有点的偏差平方和为

$$S = \sum_{i=1}^{k}\left[\varphi(x_i) - y_i\right]^2 \qquad (4\text{-}13)$$

式中，k 为整数。

将式（4-12）代入式（4-13），可得

$$S=\sum_{i=1}^{k}\left[(a+bx_i)-y_i\right]^2 \tag{4-14}$$

（3）要求最小偏差平方和，需要将其转化为求函数极小值，对 a、b 分别求偏导，并列方程组。

$$\begin{cases}\dfrac{\partial S}{\partial a}=0\\ \dfrac{\partial S}{\partial b}=0\end{cases} \tag{4-15}$$

即

$$\begin{cases}ka+b\sum_{i=1}^{k}x_i=\sum_{i=1}^{k}y_i\\ a\sum_{i=1}^{k}x_i+b\sum_{i=1}^{k}x_i^{\,2}=\sum_{i=1}^{k}x_iy_i\end{cases} \tag{4-16}$$

解得

$$\begin{cases}a=\dfrac{\sum_{i=1}^{k}x_i^{\,2}\sum_{i=1}^{k}y_i-\sum_{i=1}^{k}x_i\sum_{i=1}^{k}x_iy_i}{k\sum_{i=1}^{k}x_i^{\,2}-\left(\sum_{i=1}^{k}x_i\right)^2}\\ b=\dfrac{k\sum_{i=1}^{k}x_iy_i-\sum_{i=1}^{k}x_i\sum_{i=1}^{k}y_i}{k\sum_{i=1}^{k}x_i^{\,2}-\left(\sum_{i=1}^{k}x_i\right)^2}\end{cases} \tag{4-17}$$

为求得预制构件尺寸信息，对条件滤波后的点云数据进行保存，保存格式为 .txt，保存后将坐标信息导入 Excel 表格进行处理。点云数据分布不均匀，比如左边的 x 坐标相近，y

坐标相差较大。将相差较大的 y 坐标与其平均值作差，以便后续尺寸计算。拟合后的数据有利于减小波动和误差，有利于得到精确预制构件尺寸。数据处理后，采用最小二乘法分别进行四条直线拟合，图 4-3（e）中的桥梁 X-Y 平面拟合效果如图 4-11 所示。

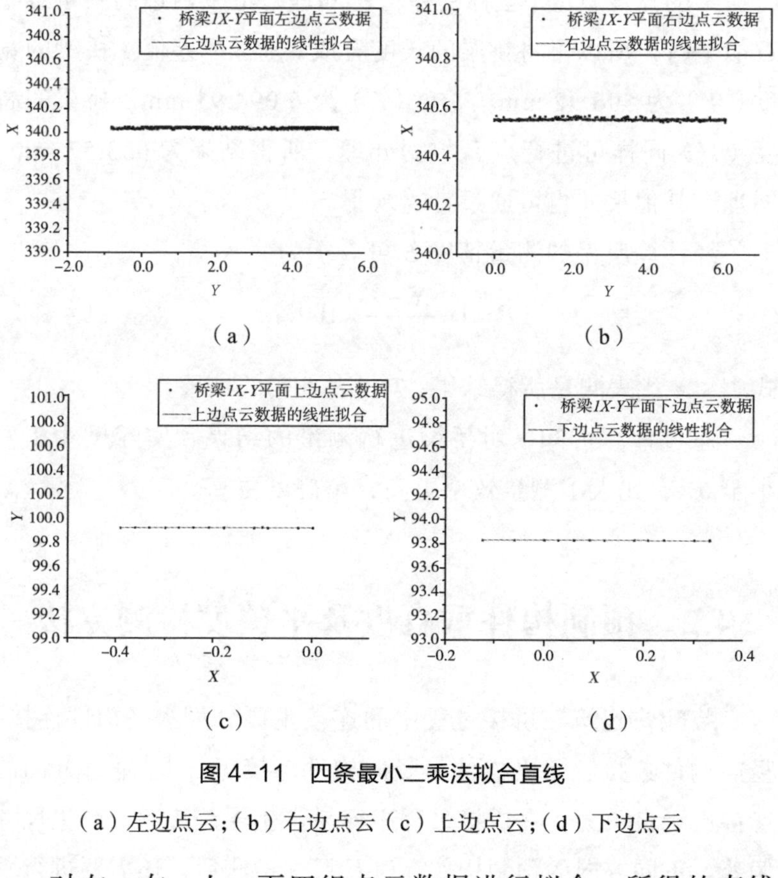

图 4-11 四条最小二乘法拟合直线

（a）左边点云;（b）右边点云（c）上边点云;（d）下边点云

对左、右、上、下四组点云数据进行拟合，所得的直线方程分别为

$$\begin{cases} 左边：x = 340.04469 - 0.000150y \\ 右边：x = 230.55161 - 0.000035y \\ 上边：y = 99.92862 - 0.000190x \\ 下边：y = 93.83371 - 0.006220x \end{cases}$$

在四条直线中，左右两边的两条直线近似平行，所以可将桥梁的宽度看成x坐标的差值；同理，上下两边的两条直线近似平行，所以可将桥梁的长度看成y坐标的差值。桥梁的宽度（W）为 506.92 mm，长度（L）为 6 094.91 mm。桥梁的高度（H）同样可进行点云数据处理，所得结果为 633.57 mm。同理，其他尺寸也可通过计算求得。

经计算所得的测量精度 E 可表示为

$$E = 1 - \frac{X - T}{T} \times 100\% \tag{4-18}$$

式中，X 代表测量所得结果；T 代表真实的结果。

通过计算可知，对桥梁进行测量的结果和实际尺寸相差小于 5%，比人工测量效率更高，精确度更高。

4.2 预制构件垂直度及平整度检测方法

装配式建筑在拼接过程中的连接主要分为水平构件连接、竖向构件连接、水平构件与竖向构件连接等[151]。垂直方向的连接由于自重大，在拼接过程中容易产生误差传递，产生尺寸偏差。不同方向的预制构件在进行尺寸检测后，还需要进行垂直度和平整度的检测，预制构件的垂直度和平整度检测是施工质量检测的重要内容。检测人员可以采用点云模型的方法，开展预制构件梁和预制构件柱的垂直度与平整度检测。

4.2.1　预制构件垂直度检测方法

预制构件垂直度检测是在预制构件拼装的过程中，通过对垂直方向划线定位、设置支撑等方式保证其垂直度。对垂直度进行检测的方法主要有经纬仪测量法、全站仪测量法、吊锤线法、激光铅垂仪投测法四种[152]。垂直度检测的原理是对被测物体进行双向垂线，测量两次视角成 90° 夹角的被测物体，对测量数据汇总得出所要测量的垂直度[153]。

这些方法在进行垂直度测量的过程中，存在着效率低、精度低等问题，并且测量结果存在一定的偶然性。采用先进的垂直度检测方法能够降低检测误差，提高垂直度检测效率。装配式桥梁的建设通过预制构件的拼装完成，在拼装前先进行模拟拼装，预制构件拼装如图 4-12 所示。

（a）　　　　　　（b）

图 4-12　预制构件拼装

（a）垂直结构模型 1；（b）垂直结构模型 2

本节采用最小二乘法拟合点云数据的方法对垂直度进行测量。采用最小二乘法对待测平面进行拟合，具体步骤如下：

（1）空间平面方程如下：

$$Ax + By + Cz - D = 0 \tag{4-19}$$

（2）点云中心坐标如下：

$$\begin{cases} \overline{x} = \dfrac{1}{n}\sum\limits_{i=1}^{n} x_i \\ \overline{y} = \dfrac{1}{n}\sum\limits_{i=1}^{n} y_i \\ \overline{z} = \dfrac{1}{n}\sum\limits_{i=1}^{n} z_i \end{cases} \tag{4-20}$$

（3）进行平面拟合时，若使拟合平面通过点云中心，则有$D = A\overline{x} + B\overline{y} + C\overline{z}$，将其代入式（4-19），得

$$A(x-\overline{x}) + B(y-\overline{y}) + C(z-\overline{z}) = 0 \tag{4-21}$$

（4）构造一个矩阵，该矩阵有 n 行 3 列：

$$\boldsymbol{M} = \begin{bmatrix} x_1-\overline{x} & y_1-\overline{y} & z_1-\overline{z} \\ x_2-\overline{x} & y_2-\overline{y} & z_2-\overline{z} \\ \vdots & \vdots & \vdots \\ x_n-\overline{x} & y_n-\overline{y} & z_n-\overline{z} \end{bmatrix} \tag{4-22}$$

（5）采用奇异值分解法（SVD）计算矩阵$\boldsymbol{M}^{\mathrm{T}}\boldsymbol{M}$的特征向量和最小特征值，计算所得特征向量即为拟合平面的法向量$\boldsymbol{n}$，由此可得 A、B、C 的值。

对柱体进行垂直度计算依据的原理如图 4-13 所示，ΔH代表柱体高度，ΔD代表柱体偏移距离，由此计算可得柱体的垂直度$i = \dfrac{\Delta D}{\Delta H} = \tan\theta$。其中，$\theta$代表柱体倾斜角，倾斜角通过

计算拟合平面垂直方向单位向量$\boldsymbol{n}_0=(0,0,1)$与法向量$\boldsymbol{n}$夹角α得到，即$\theta=\alpha-\dfrac{\pi}{2}$。

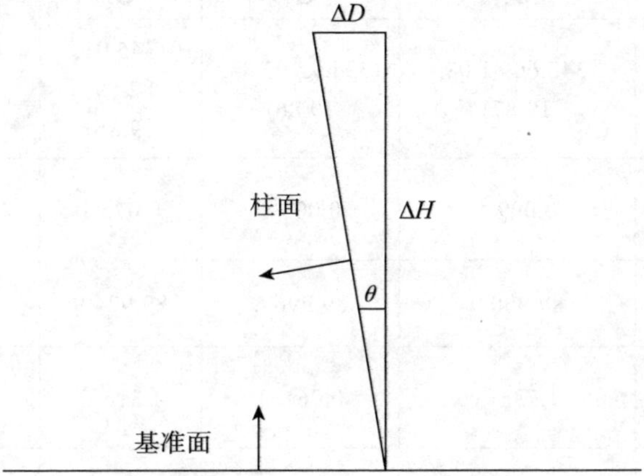

图 4-13　预制构件垂直度计算原理

为了对预制构件的垂直度进行计算，在点云数据中随机选择四个预制构件作为测试案例，命名为 $Q_1\sim Q_4$，对这四个预制构件的垂直度进行检测。垂直度检测所得结果如表 4-1 所示。

表 4-1　垂直度检测结果

检测项目	序号			
	Q_1	Q_2	Q_3	Q_4
点云数目 / 个	872 794	2 004 749	872 751	2 151 440
法向量	(0.999 9,−0.001 3, −0.001 7)	(−0.001 37, 0.999 99, −5.99e−5)	(−0.002 51, 0.999 9, 0.001 3)	(0.002 01, 0.999 9, −320e−4)

（续表）

检测项目	序号			
	Q_1	Q_2	Q_3	Q_4
中心点坐标	(342.60,81.08,19.87)	(334.92,93.84,19.86)	(345.01,82.89,19.86)	(351.60,92.24,19.84)
倾斜角/°	0.099 1	0.003 4	0.075 1	0.018 3
夹角/α	89.900 9	89.996 6	89.924 9	89.981 7
垂直度/i	1.73e−3	0.06e−3	1.31e−3	0.32e−3
偏差/mm	6.06	0.21	4.59	1.12

注：Q_1 ~ Q_4 墙高均为 3 500 mm。

预制柱垂直度检测模型，如图 4-14 所示；装配式桥梁预制柱整体模型结构，如图 4-15 所示。

图 4-14　垂直度检测模型

图 4-15　预制柱整体模型结构

对比表 4-2 垂直度检测结果，如果检测所得垂直度的偏差较大需要纠偏。根据《装配整体式混凝土结构工程施工及验收规程》规定，对于高度小于 6 m 的建筑层，预制构件的偏差不大于 5 mm。由表 4-2 可知，Q_1 的垂直度不符合规定，需要纠偏，其余三个的垂直度符合规定。

预制柱在拼装过程中需要以设置支撑、划线定位等方式来保持其垂直度，预制柱现场吊装模拟如图 4-16 所示。预制柱的垂直度检测和预制墙的垂直度检测基本类似，也是依靠吊线、经纬仪等方式检测，效率和精度较低，检测过程存在一定的主观性[154]。本节利用点云切片的方法对柱体的垂直度进行检测，检测步骤如下（见图 4-17）：

（1）将预制柱的点云数据切片，切片的方向沿着 Z 轴方向，切片后得到若干点云。

（2）对切片后所得片段进行拟合，选择多边形拟合的方式，拟合后能够得到切片的轮廓曲线。

（3）利用直线相交，得出截面的中心点，把该中心点作为计算预制柱垂直度的特征点。

（4）利用最小二乘法对所有特征点进行直线拟合，得到特征点的方向向量 $\boldsymbol{m}$，计算特征点垂直方向单位向量 $\boldsymbol{n}_0=(0,0,1)$ 与方向向量 $\boldsymbol{m}$ 的夹角 α，柱体的垂直度为 $\alpha-\dfrac{\pi}{2}$ 的正切值。

图 4-16　预制柱现场吊装模拟

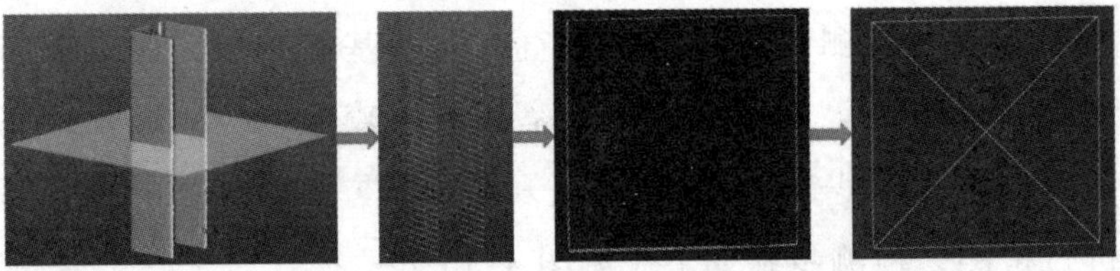

图 4-17　柱体垂直度检测步骤

依据垂直度检测步骤对预制柱 Z_1 ～ Z_5 进行垂直度检测，采用三维激光扫描技术对预制柱 Z_1 ～ Z_5 进行扫描，所得到的点云模型如图 4-18 所示。为了详细阐述预制柱垂直度检测的方法，以 Z_3 为例进行介绍说明。对 Z_3 进行均匀切片，以

15 mm 为切片厚度、以 100 mm 为间距，整个预制柱切片完成后获得 33 段切片，切片结果如图 4-19 所示。

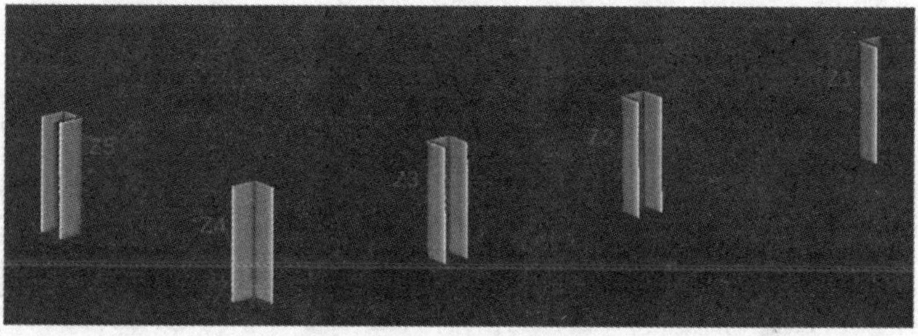

图 4-18　预制柱 $Z_1 \sim Z_5$ 点云模型

图 4-19　预制柱 Z_3 切片结果

对 Z_3 所得的 33 段切片点云开展多边形拟合，拟合后由相交直线求得截面中心点，根据中心点坐标计算切片的特征点坐标，将各切片的特征点坐标依照次序制作成表格，结果如表 4-2 所示。

表 4-2　各切片特征点坐标

序号	X	Y	Z
P1	347.195 364	100.376 024	19.232 817 3
P2	347.201 644	100.369 156	19.132 787 8
P3	347.201 897	100.355 296	20.832 733 6
P4	347.196 991	100.362 003	19.332 852 9
P5	347.211 248	100.356 703	20.932 786 7
P6	347.201 653	100.353 006	21.032 712 4
P7	347.206 273	100.358 463	21.132 697
P8	347.204 085	100.352 291	21.232 933
P9	347.204 495	100.352 238	21.332 773 9
P10	347.189 208	100.364 674	19.832 504 4
P11	347.205 371	100.349 833	21.432 731 6
P12	347.200 497	100.373 597	18.932 829 8
P13	347.194 558	100.362 751	19.032 725
P14	347.197 111	100.359 191	19.932 760 9
P15	347.199 218	100.358 828	20.032 838 9
P16	347.195 632	100.361 941	19.732 748 9
P17	347.203 742	100.363 336	19.632 837 2
P18	347.199 328	100.360 808	19.532 689 8

（续表）

序号	X	Y	Z
P19	347.197 308	100.362 828	19.432 745 4
P20	347.189 284	100.366 765	18.232 783 3
P21	347.204 478	100.370 365	18.332 842 4
P22	347.202 051	100.368 762	18.432 756
P23	347.197 111	100.351 911	19.322 760 5
P24	347.199 218	100.358 828	20.042 838 9
P25	347.202 027 1	100.359 198	20.132 845 7
P26	347.201 217	100.369 708	18.532 693
P27	347.199 986	100.372 973	18.632 751
P28	347.197 47	100.365 14	18.732 782 4
P29	347.198 966	100.365 709	18.832 790 8
P30	347.202 713	100.359 198	20.132 845 7
P31	347.200 176	100.356 036	20.232 713 5
P32	347.196 709	100.356 996	20.332 760 8
P33	347.211 248	100.356 072	20.932 787 6

求得特征坐标点后，利用最小二乘法拟合特征点所得结果，如图 4-20 所示。直线方程为 $x-\dfrac{347.157\,2}{0.002\,2}=\dfrac{y-100.480\,7}{-0.006\,0}=\dfrac{z-0}{1}$，特征点垂直方向单位向量 $\boldsymbol{n}_0=(0,0,1)$ 与特征点方向向量 $\boldsymbol{m}(0.002\,2,-0.006\,0,1)$ 之

间的夹角正切值为 $\tan\theta \approx 6.39\text{e}-3$，由此可得预制柱的偏差 $\Delta D \approx 21.09\ \text{mm}$。

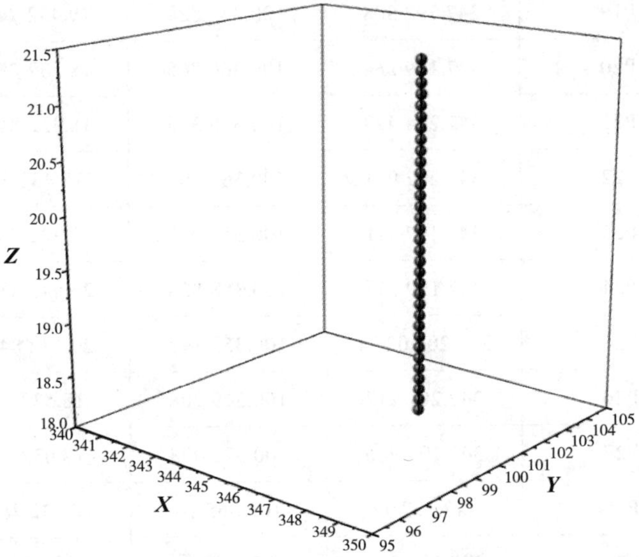

图 4-20　最小二乘法拟合特征点结果

4.2.2　预制构件平整度检测方法

在用最小二乘法拟合平面的基础上，能够计算得出不同点到拟合平面的距离 d_i，即

$$d_i = \frac{\left|A(x_i - \overline{x}) + B(y_i - \overline{y}) + C(z_i - \overline{z})\right|}{\sqrt{A^2 + B^2 + C^2}} (i = 1, 2, 3, \cdots, n) \quad (4-23)$$

为了检测预制构件表面误差，引出平整度的概念。平整度表示预制构件的不同点到拟合平面的点位中误差，公式[155]为

$$m = \sqrt{\frac{\sum_{i=1}^{n} {d_i}^2}{n-1}} \tag{4-24}$$

m 的大小不同代表平整度不同，数值越大，说明表面越不平整。

下面采用和“4.2.1 预制构件垂直度检测方法”相同的数据进行平整度分析，所得点云数据模型如表 4-3 所示。

表 4-3　预制构件 $Q_1 \sim Q_4$ 平整度分布

序号	点云数目 / 个	分布区间	占比 /%	平整度 / （m · mm⁻¹）
Q1	805 583	（-20,-10）	1.27	3.8
	1 003 987	（-10,0）	50.08	
	31 475	（10,20）	38.57	
	71 604	（20,23）	10.08	
Q2	53 674	（-10,-4）	6.15	2.4
	305 725	（-4,0）	35.03	
	491 184	（0,4）	56.28	
	22 168	（4,8）	2.54	
Q3	68 285	（-8,-3）	7.48	2.2
	383 693	（-3,0）	43.95	
	334 455	（0,3）	38.32	
	89 461	（3,6）	10.25	
Q4	32 056	（-6,-3）	1.49	1.9
	1 266 338	（-3,0）	58.86	
	645 647	（0,3）	30.01	
	207 399	（3,6）	9.64	

表 4-3 展示了预制构件 Q_1 ～ Q_4 的平整度和偏差分布。由表 4-3 可知，Q_1 ～ Q_4 的平整度分别为 3.8 mm、2.4 mm、2.2 mm、1.9 mm；根据《装配整体式混凝土结构工程施工及验收规程》相关规定，混凝土表面符合要求的平整度不大于 5 mm，因此预制构件 Q_1 ～ Q_4 符合规定要求。

4.3　预制构件预拼装方法

装配式桥梁上部结构多采用预制小箱梁、预制 T 梁和预制空心板等结构 [156]。装配式桥梁施工时会留一部分钢筋在外部，外界复杂环境可能会导致钢筋出现偏移，可能对装配时与其他预制构件预留孔对齐产生干扰，因此利用模型进行拼装模拟检测，检测过程如图 4-21 所示。进行预制构件的拼装前，需要对预制构件进行检查，采用三维激光扫描技术模拟预制构件的拼装，能够检验钢筋是否存在偏移，对于出现偏移或折弯的钢筋，应及时予以纠正。

以某大型工程的预制柱构件为例，对预制构件进行三维激光点云模拟拼装，拼装过程如图 4-22 所示。

首先，对预留钢筋进行点云扫描，扫描后进行 Delaunay 三角化得到三角网格模型。其次，进行切面拟合获得钢筋边缘。在进行预留钢筋点云扫描的同时对预留孔洞进行点云扫描，对预留孔洞边缘采用 Alpha Shapes 算法提取边缘数据，并利用最小二乘法拟合得到孔洞边缘。最后，将钢筋边缘和孔洞边缘融合，经过对比判断其是否符合预期效果，以便发现问题及时进行更改和纠偏。

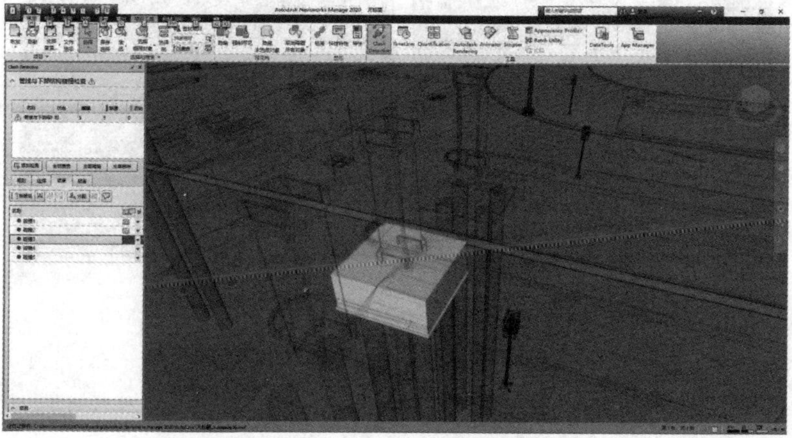

图 4-21　模拟拼装预制构件碰撞

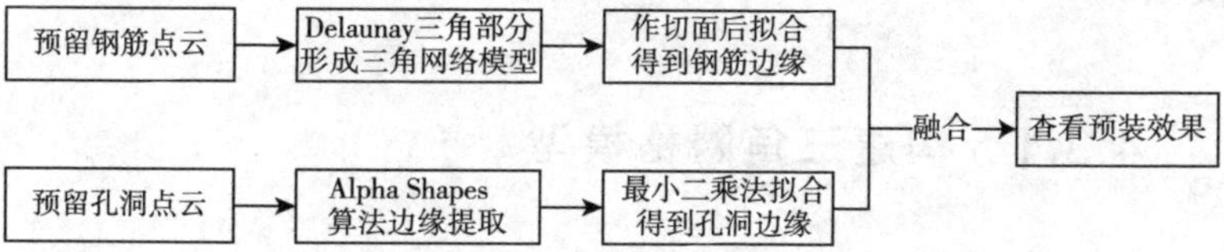

图 4-22　预制构件拼装过程

预制柱尺寸为 2 000 mm × 2 000 mm，相邻两个孔洞之间间距为 180 mm，孔洞直径为 70 mm；竖向钢筋直径为 40 mm。预留孔洞和预留钢筋点云，分别如图 4-23（a）、图 4-23（b）所示。

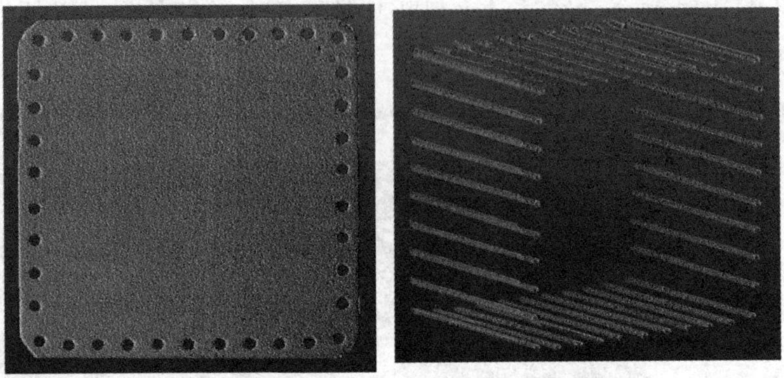

（a） （b）

图 4-23 预制构件预留孔洞与钢筋点云

（a）预留孔洞点云；（b）预留钢筋点云

由图 4-23 可知，预制构件点云较为清晰，能够进行拼装模拟。

4.3.1 构建三角网格模型

扫描预留钢筋和预留孔洞获得的点云数据比较离散，不能进行模拟拼装，需要构建三角网格模型之后才能进行拼装。三角网格模型的构建基于三角剖分算法，该算法基于 Delaunay 三角剖分原理。Delaunay 三角剖分原理广泛应用于虚拟现实、计算机视觉、地理信息系统等领域，实质是对某一区域的离散点进行剖分的过程。国内外对三角剖分有大量的研究，主要算法有逐点插入算法、三角网生成算法和分治算法等。

Delaunay 三角剖分算法依据一定的准则，其中一个是最大化最小角准则；另一个是空外接圆准则[157]。最大化最小角准则指的是形成的两个邻近三角形六个内角中的最小角是最大的；空外接圆指任一三角形外接圆内不允许其他多余的点存在。这两个准则在构建三角网格模型时保证了 Delaunay 三角剖分的最优性，能够获得唯一的三角模型。

Delaunay 三角剖分可以采用多种算法，学术界通常采用的算法有 Lawson 算法[158]和 Bowyer-Watson 算法[159]。1977 年，Lawson 提出 Lawson 算法，这种算法编程简单，只是对于较大体量的数据，网格模型建立的速度较慢，不能满足“非法”三角形[160]。在实现 Lawson 算法的过程中用到的一个重要的算法是外接圆检验算法，它需要的计算时间较长[161]。数据结构与算法执行效率具有密切的关系，良好的数据结构有利于高效数据处理，提高算法的执行效率[162]。三角形网格结构可以建立点、线、面三角形拓扑关系，有利于实现数据的高效处理。由于点云在三角形区域的数量不同，所以对于数量比较多的情况，可以采用 Bowyer-Watson 算法进行处理，构建三角形网格步骤如下：

（1）假定预留钢筋和预留孔洞已生成点云，将这些点云连接成若干个共顶点的 Delaunay 三角网格，加入新的节点，遍历外接圆包含新加入节点的三角形，为获得空腔，将三角形删除。

（2）将新加入的节点与空腔节点连接，获得新的 Delaunay 三角网格，过程如图 4-24（a）所示。

（3）优化局部区域新形成的三角网格，局部优化方式如图 4-24（b）所示。优化时将有共同边的三角形合成一个多边形，并确定该多边形是否符合空外接圆准则，如果不符合，将对角线对调进行局部修正，以保证满足最大化最小角准则。

（4）重复以上做法，直到所有点构建成三角网格模型。

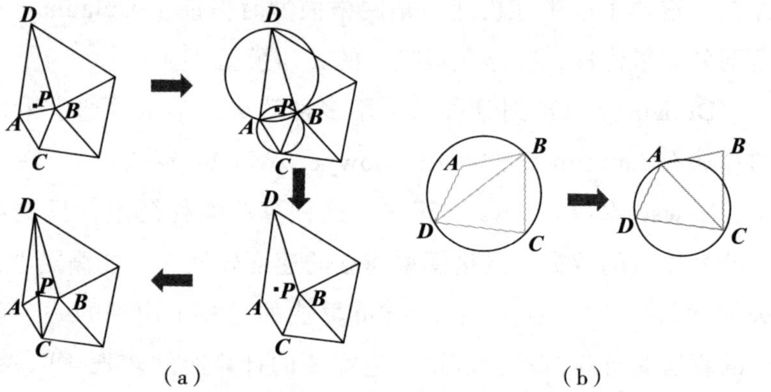

图 4-24　构建三角网格模型

（a）形成 Delaunay 三角网格过程；（b）Delaunay 三角网格局部优化

对预留钢筋和预留孔洞点云进行 Delaunay 三角剖分，构建三角网格模型，模拟钢筋和孔洞的拼装过程以判断是否存在装配偏差和故障，三角网格模型构建和拼装模拟，如图 4-25 所示。

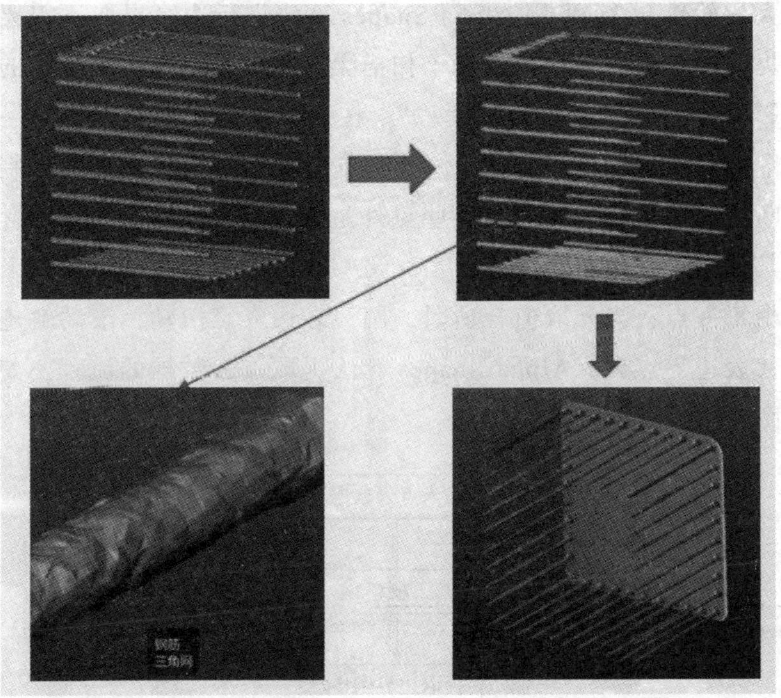

图 4-25　Delaunay 三角网格模型构建及拼装模拟

4.3.2　边缘提取算法

为了模拟拼装时能够看清楚边界装配效果，对孔洞边缘点云数据进行提取。基于法线估计的方法存在误差，为了提高边缘提取的精度，本节采用 Alpha Shapes 算法对孔洞边缘点云数据进行提取。

Alpha Shapes 算法由 Edelsbrunner 提出，该算法能够在离散的空间得到边界点，对于缺乏规律的点云数据也能获得大致轮廓[163]。采用 Alpha Shapes 算法进行边缘提取不需要提前计算法向量，这降低了扫描噪声和散乱点云对圆半径的影响，提高了提取的精度[164]。在众多的点云图形中选定一个圆，设该圆的半径为 α，判断点云数据是否属于边界。判断边界的依据是圆内除这些点外是否含有其他点，如果不含其他点，则判断为边界。当 α 足够小时，边界点可以是点云中每一点；当 α 取值合适时，圆只在边界点滚动，滚动轨迹代表边界点云。Alpha Shapes 算法提取点云数据的流程，如图 4-26 所示。

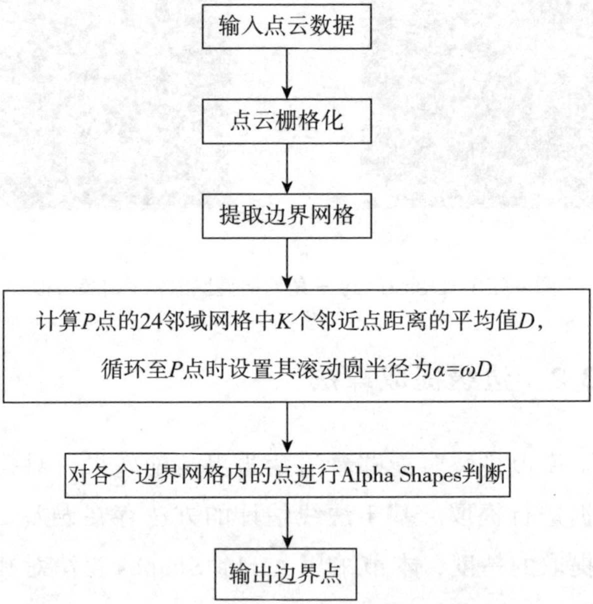

图 4-26　Alpha Shapes 算法流程

用 Alpha Shapes 算法提取点云数据时首先需要输入点云

数据，其次对点云进行栅格化，最后提取边界网格。边界点的提取影响算法的时间和效率，网格大小的选取可按照如下公式计算：

$$\mathrm{len} = \beta\sqrt{\frac{[\mathrm{Max}(x)-\mathrm{Min}(x)][\mathrm{Max}(y)-\mathrm{Min}(y)]}{N}} \tag{4-25}$$

式中，β为尺度因子，取 1.5，调节网格大小；N 为点的个数；x、y 分别为点云数据的横、纵坐标。

将不同的点分配到不同的网格，根据点的坐标（x, y）对该点所在的 r 行和 c 列进行计算，即

$$\begin{cases} r = 1 + \dfrac{y-\mathrm{Min}(y)}{\mathrm{len}} \\ c = 1 + \dfrac{x-\mathrm{Min}(x)}{\mathrm{len}} \end{cases} \tag{4-26}$$

点云网格化的结果如图 4-27（a）所示，网格化后进行边界判断，设置一幅$M \times N$的二值图像进行对比，若网格内点的个数为零，则像素值为 0，反之像素值为 1。非边界网格如图 4-27（b）所示。对于非边界网格内的点云，不需要进行 Alpha Shapes 算法判断。

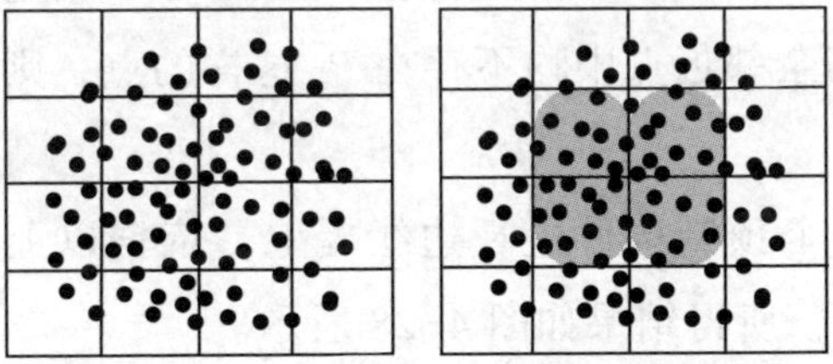

（a）　　（b）

图 4-27　点云网格化与非边界网格

（a）网格化；（b）非边界网格

边缘提取的详细步骤如下：

（1）点云内有一点 P，设滚动圆半径为 α，在点云内存在到 P 点距离为 2α 的点，将这些点记作集合 Q。其中，α的设置公式为

$$\alpha=\omega\cdot\frac{\sum_{j=1}^{K}D_j}{K} \tag{4-27}$$

式中，ω为调节因子；K 为点云个数；D_j 为任意一点到 P 点的距离。

（2）选取 Q 内任意一点 $P_1(x_1,y_1)$，根据这两点坐标和 α，计算过点 P、P_1、半径为 α 的圆的圆心坐标，圆心记为 P_2、P_3。

（3）计算点集 Q 中除点 P_1 外，其他各点距离 P_2、P_3 的长度，若所有点距离 P_2 和 P_3 的长度均大于 α，则表明点 P 为边界点。

（4）若其余点距离 P_2 或 P_3 的长度不全大于 α，则将点集 Q 内的点轮换当作 P_1 进行验证和观察。若存在某点符合（2）、（3）标准，则将该点看成边界点，不再对该点进行判断；若点集 Q 中其余邻近点中均不存在 P_1 这样的点，则表明点 P 为非边界点。

选择一个预制构件进行边缘提取，依据以上步骤提取孔洞点云边缘，所得结果如图 4-28 所示。

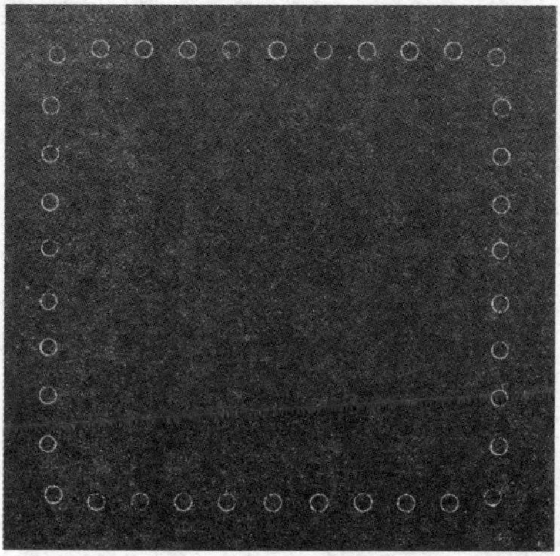

图 4-28　预留孔洞边缘提取

4.3.3　圆的拟合算法

得到预留孔洞边缘后，进行边界点拟合，采用最小二乘法进行圆的拟合[165]。拟合的具体步骤如下：

（1）圆方程如式（4-28）所示，用最小二乘法拟合需要计算边界点到曲线距离平方和的最小值 S，如式（4-29）所示。为了简化运算，采用边界点与圆心距离及半径平方差的平方进行计算，如式（4-30）所示。

$$(x-a)^2+(y-b)^2=r^2 \tag{4-28}$$

$$S=\sum\left[\sqrt{(x_i-a)^2+(y_i-b)^2}-r\right]^2 \tag{4-29}$$

$$S=\sum\left[(x_i-a)^2+(y_i-b)^2-r^2\right]^2 \tag{4-30}$$

式中，（a,b）代表圆心坐标，r 代表圆的半径。

（2）令 $A=-2a$，$B=-2b$，$C=a^2+b^2-r^2$，则式（4-30）可表示为

$$S=\sum(x_i^2+y_i^2+Ax_i+By_i+C)^2 \tag{4-31}$$

（3）求 S 的最小值的计算方法是对 A、B、C 分别求偏导，并列方程组：

$$\begin{cases}\dfrac{\partial S}{\partial A}=2\sum(x_i^2+y_i^2+Ax_i+By_i+C)x_i=0\\ \dfrac{\partial S}{\partial B}=2\sum(x_i^2+y_i^2+Ax_i+By_i+C)y_i=0\\ \dfrac{\partial S}{\partial C}=2\sum(x_i^2+y_i^2+Ax_i+By_i+C)=0\end{cases} \tag{4-32}$$

对式（4-32）进行求解，可得

$$\begin{bmatrix}A\\B\\C\end{bmatrix}=\begin{bmatrix}\sum x_i^2 & \sum x_iy_i & \sum x_i\\ \sum x_iy_i & \sum y_i^2 & \sum y_i\\ \sum x_i & \sum y_i & n\end{bmatrix}^{-1}\begin{bmatrix}-\sum(x_i^3+x_iy_i^2)\\ -\sum(x_i^2y_i+y_i^3)\\ -\sum(x_i^2+y_i^2)\end{bmatrix} \tag{4-33}$$

从而得到拟合圆的半径 $r=\dfrac{1}{2}\sqrt{A^2+B^2-4C}$，拟合圆的圆心坐标为 $(-\dfrac{A}{2},-\dfrac{B}{2})$。

对预留孔洞和预留钢筋作切面，得到如图 4-29 所示的边缘拟合结果，其中图 4-29(a）图代表预留孔洞边缘拟合结果，图 4-29（b）图表示预留钢筋边缘拟合结果。

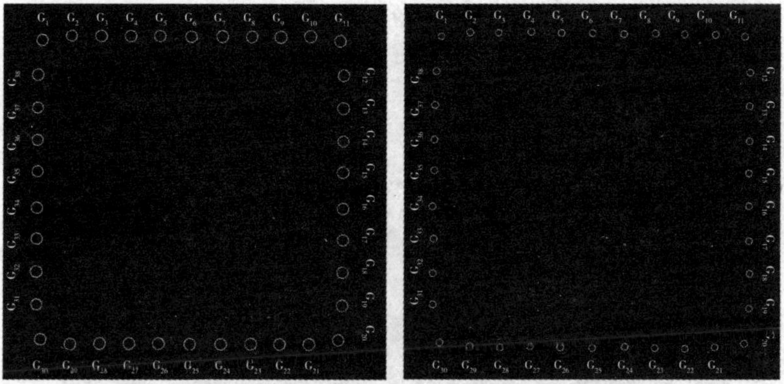

（a）　　　　　　　　　　　　（b）

图 4-29　最小二乘法拟合结果

（a）预留孔洞边缘拟合结果；（b）预留钢筋边缘拟合结果

对预留孔洞与预留钢筋进行边缘融合，结果如图 4-30 所示。融合时存在如表 4-4 所示的拼装偏差。

由图 4-30 可知，在 38 个预留孔洞与预留钢筋融合拼装结果中，有 22 个预留孔洞存在明显的误差，即 G3、G14～G26、G28、G31～G37。

根据圆的拟合算法，求得预留孔洞和预留钢筋的圆心坐标和半径，结果如表 4-4 所示。根据表 4-4 可知，圆心偏差分别为 14.89 mm、14.81 mm、10.61 mm、8.58 mm、15.37 mm、13.52 mm、14.01 mm、17.28 mm、18.00 mm、22.04 mm、10.96 mm、8.94 mm、15.49 mm、14.18 mm、13.87 mm、14.78 mm、13.79 mm、23.61 mm、11.75 mm、17.28 mm、6.38 mm、14.64 mm，对这些存在偏差的构件需要予以纠偏，纠偏完成后进行下一步操作。

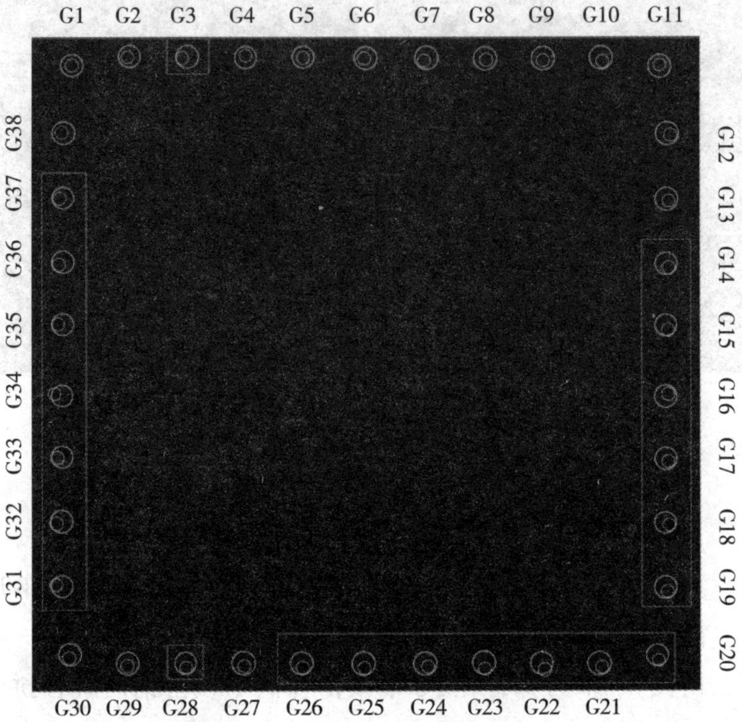

图 4-30　预留孔洞与预留钢筋融合拼装

表 4-4　预留钢筋、预留孔洞位置参数及平面拟合拼装偏差

钢筋编号	圆心坐标	半径 / mm	孔洞编号	圆心坐标	半径 / mm	偏差 / mm
G1	(4 052.11,3 363.65)	40.68	K1	(4 049.49,3 638.53)	71.90	5.53
G2	(3 859.78,3 631.57)	39.22	K2	(3 868.08,3 639.49)	71.45	11.47
G3	(2 762.59,3 617.73)	39.87	K3	(2 762.59,3 617.73)	67.88	14.89
G4	(3 107.64,3 640.38)	40.18	K4	(3 123.20,3 643.11)	70.65	15.80

（续表）

钢筋编号	圆心坐标	半径/mm	孔洞编号	圆心坐标	半径/mm	偏差/mm
G5	(3 484.05,3 639.25)	41.23	K5	(3 483.88,3 641.85)	67.98	2.59
G6	(2 935.61,3 642.17)	38.71	K6	(2 940.93,3 644.34)	68.71	5.74
G7	(4 594.39,3 616.13)	40.87	K7	(4 594.17,3 613.56)	71.11	2.58
G8	(3 673.58,3 637.16)	38.65	K8	(3 677.09,3 639.78)	69.55	4.38
G9	(4 230.58,3 630.18)	37.95	K9	(4 229.18,3 637.12)	72.52	7.08
G10	(4 628.70,3 398.91)	38.64	K10	(4 618.10,3 402.57)	71.36	11.21
G11	(4 416.62,3 628.79)	39.40	K11	(4 411.70,3 639.81)	73.34	12.07
G12	(4 623.13,3 194.89)	38.52	K12	(4 615.39,3 199.84)	71.04	9.18
G13	(4 619.69,2 792.99)	41.12	K13	(4 613.86,2 808.60)	68.82	16.66
G14	(4 622.50,2 985.87)	39.36	K14	(4 615.04,2 998.66)	68.99	14.81
G15	(4 619.68,2 385.63)	38.79	K15	(4 613.14,2 393.98)	68.62	10.61
G16	(4 619.68,2 593.17)	39.68	K16	(4 613.32,2 587.41)	69.78	8.58
G17	(4 618.97,1 980.28)	39.35	K17	(4 611.42,1 993.67)	70.08	15.37
G18	(4 722.48,2 187.85)	38.88	K18	(4 611.51,2 195.76)	67.64	13.52
G19	(4 412.81,1 745.95)	41.36	K19	(4 405.44,1 757.86)	72.63	14.01
G20	(4 590.23,1 767.14)	39.46	K20	(4 585.87,1 783.86)	68.98	17.28
G21	(4 047.23,1 742.43)	39.42	K21	(4 045.05,1 760.30)	72.52	18.00
G22	(4 233.31,1 738.37)	40.99	K22	(4 223.98,1 758.33)	70.34	22.04
G23	(3 869.01,1 749.47)	37.89	K23	(3 861.64,1 757.58)	71.61	10.96

（续表）

钢筋编号	圆心坐标	半径/mm	孔洞编号	圆心坐标	半径/mm	偏差/mm
G24	(3 300.99,1 751.58)	39.29	K24	(3 298.03,1 760.02)	70.93	8.94
G25	(3 672.49,1 743.14)	39.86	K25	(3 669.86,1 758.40)	71.06	15.49
G26	(3 119.07,1 746.71)	38.52	K26	(3 117.03,1 760.74)	68.42	14.18
G27	(2 753.34,1 776.99)	41.56	K27	(2 755.54,1 787.76)	70.36	10.99
G28	(3 482.02,1 745.95)	38.81	K28	(3 479.11,1 759.51)	69.83	13.87
G29	(2 935.22,1 752.34)	42.03	K29	(2 936.18,1 758.53)	69.61	6.27
G30	(2 712.46,2 004.58)	39.76	K30	(2 730.53,1 999.59)	68.02	18.75
G31	(3 717.37,2 398.53)	38.98	K31	(2 731.71,2 402.10)	67.84	14.78
G32	(2 720.13,2 812.31)	40.69	K32	(2 733.82,2 813.94)	68.44	13.79
G33	(2 708.88,2 595.96)	39.46	K33	(2 731.94,2 590.90)	68.83	23.61
G34	(2 723.61,3 202.74)	39.73	K34	(2 735.00,3 205.65)	69.70	11.75
G35	(2 713.85,2 193.45)	38.36	K35	(2 729.45,2 200.87)	70.65	17.28
G36	(2 730.64,3 408.46)	40.29	K36	(2 736.70,3 406.45)	71.72	6.38
G37	(2 722.22,2 997.71)	38.43	K37	(2 734.63,3 005.49)	69.53	14.64
G38	(3 304.31,3 646.94)	39.06	K38	(3 305.22,3 642.16)	69.18	4.87

4.4 本章小结

本章以施工质量检测为主要研究内容，对装配式桥梁的预制构件的检测和拼装进行研究，包括预制构件几何特征提取方法、预制构件垂直度及平整度检测方法、预制构件拼装方法三部分内容。

（1）通过对单根梁、柱构件点云数据提取，得到预制梁、柱构件尺寸信息。首先，对点云数据进行降维处理，将三维点云数据转化为二维平面投影。其次，利用法线估计对预制构件的边缘数据进行提取，提取结果与边界邻域半径 R 和阈值两个参数有关。当邻域半径过小时，提取的边界不够清晰，许多内部点被错误地提取为边界点；当邻域半径逐渐增大时能够较好地提取边界；当邻域半径大于 0.16 时提取的边界点稳定在恒定水平，边界点数量为 1 323 个，不再出现变化。所以，为了达到良好的边缘提取效果，设置邻域半径 R 的值为 0.16。当 thresh= $\pi/2$时，在边界提取时能够获得较为完整的边界信息，内部点云数据不会对边界造成干扰，能够起到良好的边缘提取效果。所以，边缘提取时将角度阈值 thresh= $\pi/2$作为阈值设定值。最后，采用条件滤波对边缘数据进行分组，并利用最小二乘法拟合点云，所得边缘尺寸与实际尺寸误差小，精度可达 95% 以上。

（2）对预制构件的垂直度和平整度进行检测，垂直度检测需要求拟合平面垂直方向单位向量 $\boldsymbol{n}_0=(0,0,1)$ 与法向量 $\boldsymbol{n}$ 的夹角 α，预制构件的垂直度即为 $\alpha-\dfrac{\pi}{2}$ 的正切值。对预制构件 $Q_1\sim Q_4$ 进行垂直度检测，结果表明，Q_2、Q_3、Q_4 的垂直度符合规定，Q_1 的垂直度不符合规定，需要纠偏。对预制构件的平整度进行检测，求得预制构件 $Q_1\sim Q_4$ 的平整度和偏差分布，结果表明各预制构件的平整度符合规定。

（3）对预制构件进行拼装时，采用模拟施工的方法，以发现存在的偏差，对影响装配的偏差进行纠偏。首先，根据 Delaunay 三角剖分原理处理预留钢筋点云构件三角网格模型进行模拟拼装；其次，通过 Alpha Shapes 算法对预留孔洞的圆心，钢筋的边缘进行点云提取，采用最小二乘法拟合得到孔洞边缘、钢筋边缘；最后，对比孔洞边缘和钢筋边缘，判断其偏差是否符合规定，发现选取的 38 根钢筋的预留孔洞中有 22 个存在误差较大的情况。

第 5 章　施工进度监测方法

当前，由于施工现场的三维场景模型结构复杂多变，模型数量相对庞大，模型之间的组织关系庞杂。如果单纯依靠建筑工人实时巡查的模式对工地的施工进度进行跟踪监测，不能对复杂的三维场景模型数据进行有效智能化组织和监测，除了耗费大量的人力和时间外，还会增加出错的概率。本章将在深入分析装配式施工现场三维模型施工进度有效监测方法的基础上，对当前主流的实际点云模型进行分析研究，通过点云模型和基于 BIM 设计模型的对比，完成三维场景现场施工进度的智能化监测。

5.1　基于 BIM 设计模型的施工计划进度模拟

在传统的施工进程中，施工进度模拟多以文字配合横道图和二维图进行表达，与 3D 图形相比它们具有空间描述差的特点，对施工现场状况的描述也不太准确，在施工过程中一旦产生的问题无法有效解决就需要更改设计，这样就会产生工期延长和成本激增的问题。

基于 BIM 设计模型的施工进度模拟技术是在三维模型配合施工顺序的基础上形成的一种新兴技术，将预期的施工技术与模型相配合，再把拟订的施工计划在计算机中与实际的施工进程进行对比，施工情况一目了然。在正式开工前，完成设计的变更或是施工计划的调整，让拟订的施工计划更科学、更合理。同时在施工过程中，将施工现场的各种构件信息和时间信息集中呈现在仿真模型中，随时准确掌握施工现场情况。集成统一各个标段之间的信息后，计划施工进度和实际施工进度都可以进行有效的显示，从而可以分析出目前阶段本项目施工进度是延迟还是提前。同时，基于 BIM 设计模型的施工模拟有助于集中管理和控制，减少了大量沟通协调的时间，有利于合理安排施工，减少材料的浪费。

本节以图 5-1 所示的实际施工现场为例，结合三维激光扫描仪采集的点云数据和三维 BIM 设计预测模型数据，按照先前所给出的方法分割预制梁和柱形构件，给出预制梁和柱形构件的装配进程，介绍基于 BIM 设计模型的施工计划进度模拟的施工进度监测方法。

施工现场位于乌鲁木齐某高架桥，分为地上 2 层，建筑均高约为 12 m。以柱形构件为例，根据 CAD 二维图纸通过 Revit 软件构建基于 BIM 设计模型，如图 5-2 所示。模型分别由矩形截面的柱和梁构成。其中梁的尺寸为 1 410 mm × 1 650 mm × 15 600 mm，柱的尺寸为 1 000 mm × 1 000 mm × 6 600 mm，选用标准层进行实验研究，从预制梁和柱的生产到施工安装，运用 BIM 技术和点云技术，实现高精度的施工质量检测。预制构件采用纵肋叠合剪力墙结构进行安装，采用空腔灌注混凝土代替先前的套筒灌浆方法，竖直方向节点下层的 U 型纵筋与上层的墙板空腔采用外露纵筋搭接法连接。

图 5-1　实际场景图

图 5-2　柱形构件的 Revit 模型

Revit 软件底部留有开放的二次开发接口，方便功能扩展，目前国内已经有很多优秀的插件，这更方便模型的创建。本研究采用类似于“搭积木”建模方式的 Revit 软件对预制梁和柱构件进行建模，从地下基础开始，将墙、柱、梁、板构件作为一个个“积木”逐层进行搭建，最后形成一个完整的结构模型。

为了能够方便、准确、有效地区分不同的立柱，对构建好的 Revit 模型的柱形构件进行编号（见图 5-3）。

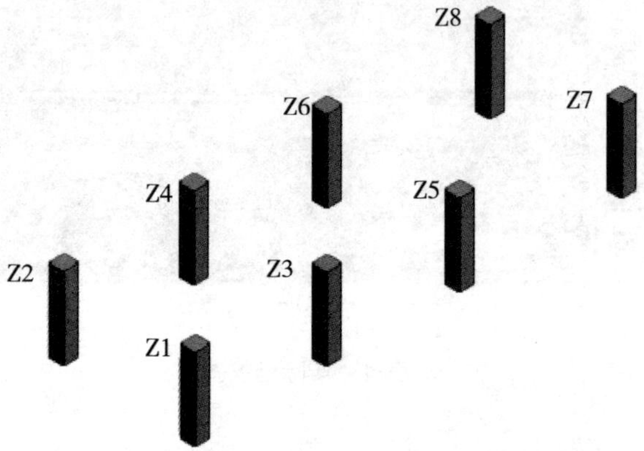

图 5-3　编号的 Revit 模型柱形构件

具体的施工内容主要包括立柱的安装和涂装两部分，预计在实际施工过程中每天能够完成 1 根立柱的安装和 1 根立柱的涂装工作，并且立柱的涂装需要满足以下两个条件：

（1）立柱涂装前需要完成立柱的安装工作。

（2）立柱安装完成后需等待一周时间才能进行涂装工作。

施工计划进度横道图如图 5-4 所示，总工期为 15 天。这样实际上就是把基于 BIM 设计的三维模型和预测时间进度信息呈现在一个四维模型中，集成统一各标段之间的信息，使工作人员能够随时查看各施工阶段的进展情况。

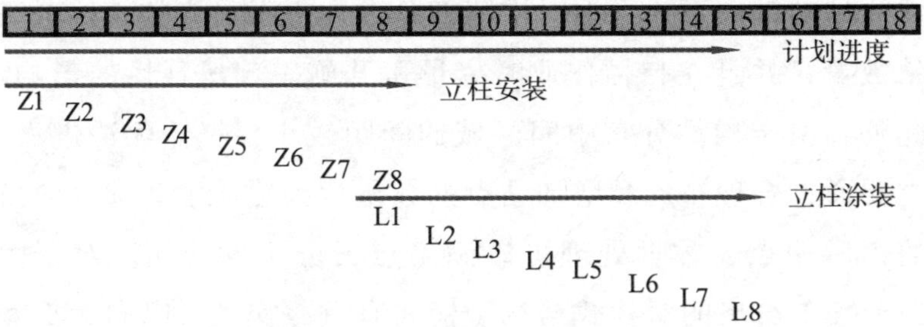

图 5-4　施工计划进度横道图

5.2　基于点云模型的站点设置和点云数据预处理

数据采集是基于点云模型施工进度监测的核心，主要包括数据采集观测站位置的设置和点云数据预处理两大部分，其主要目标是采用标准化的数据采集方法提高点云数据的精度。

5.2.1　数据采集观测站位置设置

根据施工现场环境合理地设置观测站的位置对数据采集非常重要，观测站位置设置又分为构件数据扫描观测站位置设置和标准层数据扫描观测站位置设置两大部分。

1. 构件数据扫描观测站位置设置

构件数据扫描观测站位置设置相对比较灵活，但由于不同构件存放位置间距较小，且存在多排并行存放的特点，因此观测站扫描覆盖难度相对较大，需要在构件对角设计两个观测站的基础下，增加对中间部分数据进行采集的其他观测站数量，并且在扫描作业时尽量避开施工现场环境的影响。此外，由于构件分布中间区域的间距较小，仪器无法进入，需要通过合理布局和增加站点的数量达到覆盖中间部分的目的，后期点云数据处理可以满足点云分析的使用。对于图 5-5（a）给出的对称式结构（横向有重叠交叉、纵向无重叠交叉），对应的数据扫描观测站也采取如图 5-5（a）所示的对称式布局方案；针对图 5-5（b）给出的非对称式结构（横向和纵向均有重叠交叉），应根据构件的数量采用图 5-5（b）所示的非对称式观测站布局方案；对于图 5-5（c）给出的少量规则构件的情形，可以采用如图 5-5（c）所示的简单的三角对称式观测站布局方案。

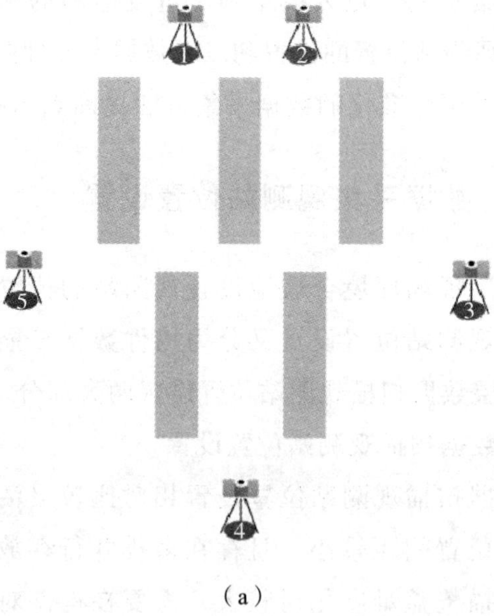

（a）

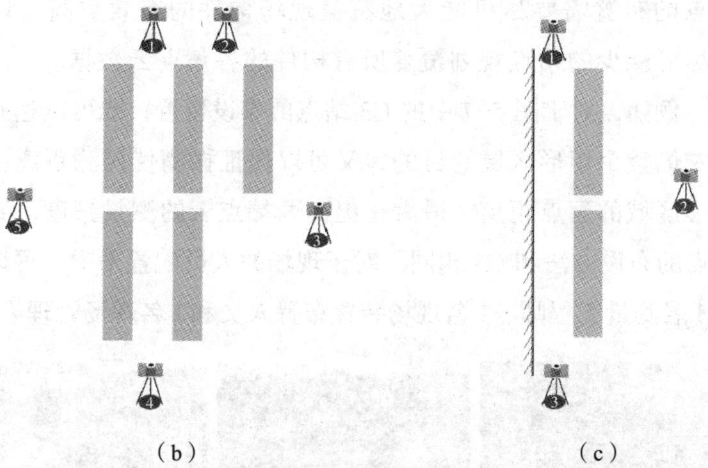

图 5-5 观测站布局方案

（a）对称式结构的观测站布局；（b）非对称式结构的观测站布局；

（c）少量规则构件的观测站布局

2. 标准层数据扫描观测站位置设置

由于预制构件的安装速度比较快，所以需要提前进入现场进行实测勘察，规划数据扫描观测站的位置，以保证预制构件安装后扫描点云的全覆盖。此外，由于现场环境的复杂性，因此在布置数据扫描观测站时可以参照 BIM 进行现场环境的勘察，结合棱镜核校测量误差，如图 5-6 所示。

对于标准层的数据扫描共设置 10 个观测站，通过预先在三维激光扫描仪中输入各观测站的名称 C1 ～ C10 建立观测站列表，方便在接下来的数据测量中直接使用观测站名称和部分参数。图 5-7 中 C1 和 C2 站点为主观测站，分别布置于现场的两边，既可以采集扫描数据，又可以通过三维激光扫描仪的自动计算处理能力校核剩余点云覆盖的误差。C3 ～ C8

站点的布置需要尽可能大地覆盖现场构件的有效空间，以通过尽可能少的站点规划覆盖所有构件的各角点云数据。

例如，对于图 5-7 中的 C3 站点的布设位置，既可以达到覆盖左侧整个矩形区域的目的，又可以保证探测仪探测距离接近矩形区域的远点距离，最大化提高两端点云的测量精度，其余站点的布设方法和 C3 相同。对于现场的人员配置来说，可以配置 1 名测量工程师、1 名现场装置布置人员和 1 名现场管理人员。

（a）　　　　　　（b）　　　　　　（c）

图 5-6　观测站选布

（a）现场构件遮挡；（b）参照 BIM 布站；（c）棱镜探测扫描

图 5-7　观测站布置

5.2.2 点云数据预处理

由于在过往的桥梁施工过程中，桥梁内部具有地形复杂、光线条件差、定向难度大等特点，如何对隧道内部建筑设施设备进行有效数据获取成为一大难题。在常规方法中，作业人员仅能够使用全站仪等技术手段，对桥梁内部部分特征的物或重点结构进行单点式测绘或区域性扫描，作业时间长、安全风险大，且获取的数据较为简单，无法完整掌握隧道内部环境的全部要素信息。因此，若使用三维激光扫描，配以相应的数据分析软件对隧道环境进行全面高效的扫描与处理，即可在保障精度的前提下，快速高效地完成原有烦冗的测绘工作，全部观测完成扫描后，作业人员可以现场及时检测数据的有效性[166]。

在使用三维激光扫描仪进行现场扫描时，需要将扫描仪设置为长距模式，扫描范围为 360° × 270°，点云精度为 6.3 mm@10 m，每个站点的扫描时长为 6.9 min，C1 观测站点云图如图 5-8 所示。扫描员需要在扫描过程中通过测站后视法对后视棱镜/标靶进行观测，并对棱镜/标靶板进行扫描照准，从而实现精确定向。此外，和构件扫描有所区别的地方是，桥梁现场环境更为复杂，因此将其实时导入点云数据处理软件中核对检查构件点云是否全覆盖是非常重要的环节。

对构件进行点云数据处理的主要目的是通过点云原始数据的导入、数据的降噪处理、无效数据的剔除、数据的导出等步骤生成能够满足碰撞分析需求的点云模型。需要注意的是，在实际点云数据处理的过程中，针对不同构件需要设置单独的存储空间。以桥梁构建中的某个构件为例，其点云数据的主要处理流程，如图 5-9 所示。

图 5-8　C1 观测站点云图

（a）

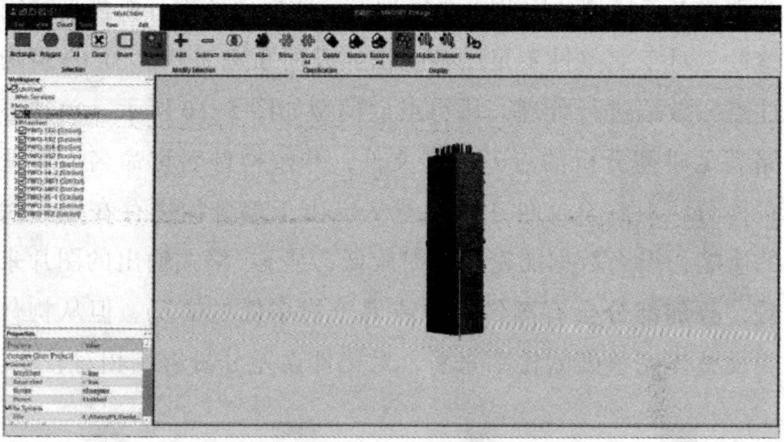

（b）

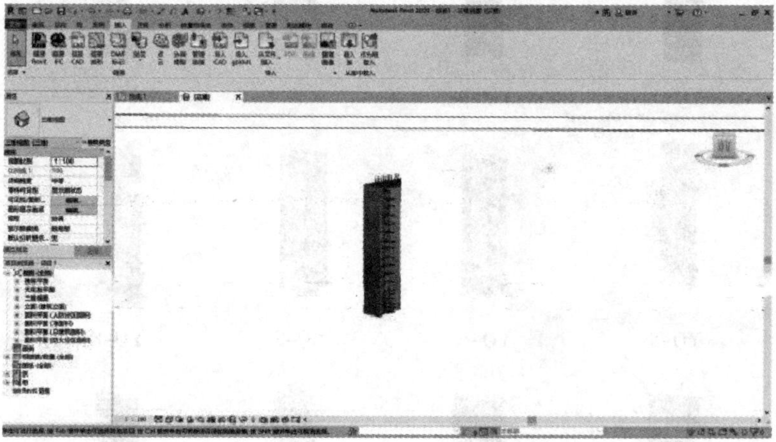

（c）

图 5-9　构件点云数据处理流程

（a）点云现场模型；（b）目标构件点云模型；（c）rcs 格式导出

目前，基于三维激光扫描方法获得构件的点云数据信息量较大，并且由于外在的光线、遮挡及算法等，可能无法完整地重建点云模型，因此需要通过点云数据预处理分析模型的完整性，对于完整性不足的数据需要及时重新采集。对 12 组构件点云数据进行处理，所得点云模型如图 5-10 所示。单独存储满足碰撞分析的点云模型文件，并按构件名称命名，方便碰撞分析时在众文件中快速导入。由于部分构件存在遮挡物的影响，点云数据的密度相对较低，从 rcs 格式输出的图片来看，叠加部分会有图像缺失或者分辨率低的情况。但从构件表面整体完整度的比率来看，对构件误差分析影响相对较小。

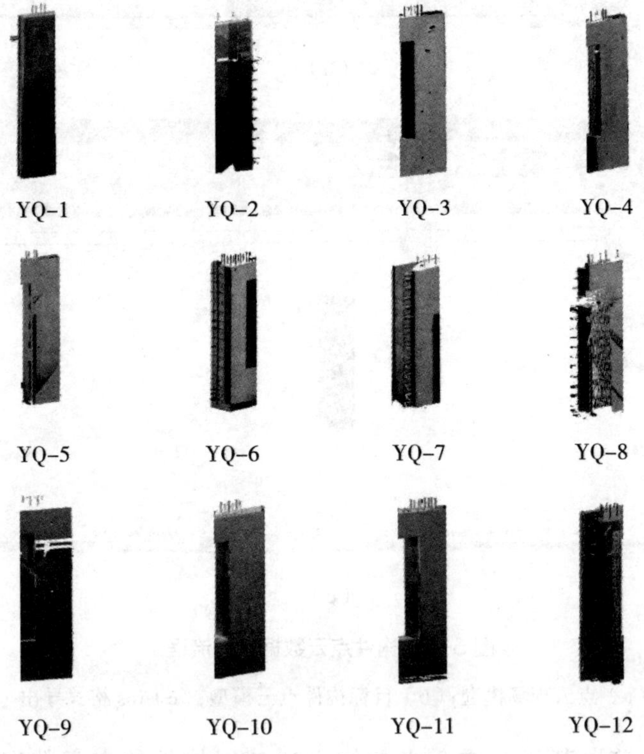

图 5-10 YQ-1 ～ YQ-12 点云模型

为了提高点云拼接的精度，需要在观测站规划时将相邻观测站点云重合率控制在 45% 以上，点云拼接后通过数据拼接报告检查每个观测站点云的实际重叠度。自动拼接后两观测站间点对点、点对面的均方根（RMS）误差数据，如表 5-1 ～表 5-3 所示。点云重叠度满足数据有效性的使用要求。其中，YQ-1 ～ YQ-5 中 2&3 和 4&5 点对点、点对面的 RMS 相对较大，这主要与扫描时观测站的重合度和仪器本身的误差有一定的关系，其对整个数据的分析影响可以忽略不计。

表 5-1 YQ-1～YQ-5重叠度及拼接精度

测站点	重叠度 /%	点对点 RMS/mm	点对面 RMS/mm
1&2	83.01	1.25	1.24
2&3	60.30	2.45	2.05
3&4	70.71	3.03	1.14
4&5	88.01	2.09	2.45
5&6	40.04	1.68	1.08
6&7	20.89	1.34	2.39
7&8	58.98	1.59	1.59
8&9	39.16	1.05	2.25
9&10	47.08	2.12	1.42

表 5-2 YQ-6～YQ-10重叠度及拼接精度

测站点	重叠度 /%	点对点 RMS/mm	点对面 RMS/mm
1&2	33.13	1.34	1.20

（续表）

测站点	重叠度 /%	点对点 RMS/mm	点对面 RMS/mm
2&3	23.30	2.78	2.09
3&4	73.41	3.80	2.08
4&5	38.45	1.49	1.67
5&6	50.20	1.45	1.50
6&7	33.89	1.69	1.79
7&8	20.23	2.49	1.34
8&9	41.10	2.05	2.58
9&10	37.98	1.68	1.30

表 5-3　YQ-11～YQ-12重叠度及拼接精度

测站点	重叠度 /%	点对点 RMS/mm	点对面 RMS/mm
1&2	29.13	2.35	1.60
2&3	25.45	1.70	2.28
1&10	60.89	2.68	1.45

5.3　点云模型与基于 BIM 设计模型配准

在项目进程中，为了能够更加直观、高效地判断建筑构件是否已经在施工中完成安装，实现对施工进度的监测，需要在使用三维激光扫描仪采集完现场的点云数据之后，及时准确地将点云数据配准到先前的基于 BIM 设计模型上，具体过程如图 5-11 所示。在使用三维激光扫描仪获取点云数据时，需要采用全站仪对标靶纸靶心的坐标进行测量，以获得构件标识点相对准确的三维坐标值，然后将靶心坐标值赋给点云中的靶心以实现对点云模型的定位；最后通过 Revit 软件中的链接模型坐标系链接 CAD 坐标，实现基于 BIM 设计模型的定位，完成点云模型和基于 BIM 设计模型的配准。

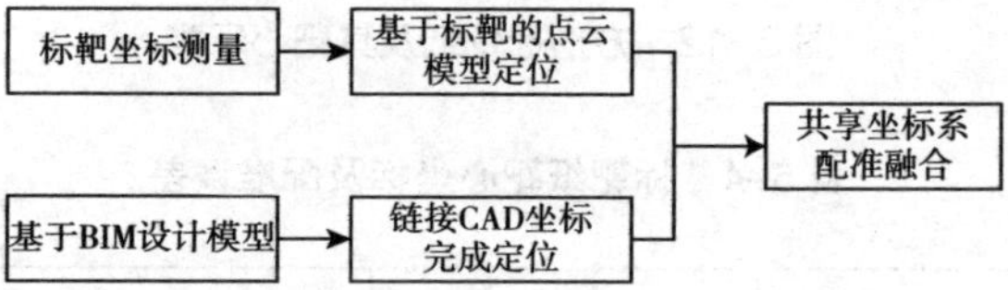

图 5-11　点云模型与基于 BIM 设计模型配准过程

5.3.1　点云模型定位

在获得现场的点云数据之后，点云中心会和坐标原点重合，为了能够让点云坐标与项目施工现场中构件的实际坐标相匹配，需要对点云进行定位。在启动扫描之前，需要在项目施工现场张贴正方形的标靶纸，并将其作为参考控制点，图 5-12 为方形标靶纸及其靶心示意图。以建筑物内部的控制点（内部控制点坐标由外部控制点坐标引测而来）为基准，使用全站仪引测标靶纸靶心坐标，根据靶心定位点云。在扫描过程中共设置了 7 个控制点，全站仪测得的靶心坐标如表 5-4 所示。

图 5-12 方形标靶纸及其靶心示意

表 5-4 标靶纸靶心坐标及配准误差

控制点编号	*X*	*Y*	*Z*	*X′*	*Y′*	*Z′*	误差7	误差6
A0	2.287	0.546	−0.098	346.890	89.992	19.543	0.098	0.002 3
A1	6.101	−4.478	−0.032	352.862	104.285	19.276	0.352	0.008 6
A2	−2.345	−6.086	0.125	360.259	100.982	19.150	0.123	0.006 3
A3	−1.109	6.436	0.348	356.872	64.264	19.742	1.228	0.002 8
A4	−18.057	−15.086	0.654	378.259	60.963	19.976	1.450	0.008 6
A5	−19.087	−9.987	0.269	327.987	76.765	19.973	1.695	0.005 1
A6	−10.125	−4.896	0.121	332.098	80.065	19.998	1.685	0.004 7

注：表中单位为 m，*X*、*Y*、*Z* 为靶心的点云数据原坐标，*X′*、*Y′*、*Z′* 为现场获得的靶心坐标。

在测量完现场标靶纸靶心坐标之后，需要在点云数据中选取 7 个标靶纸靶心，并把它们与施工现场的靶心进行点对匹配，从而完成点云模型的定位。表 5-4 为选取的 7 个标靶纸靶心的原坐标值，为了以后对照使用方便，需要将它们保存到相应的 txt 文本中。这里采用 CloudCompare 点云可视化软件，通过手动指定对应点对的方法对施工现场中构件坐标和数据采集的点云坐标进行配准，图 5-13 为配准前后的靶心坐标变化图。

在实际配准的过程中还需要剔除一些匹配误差较大的点对，因此在配准时需要检查两个点的误差是否在设定的误差范围以内，如果误差过大，可以选择剔除。例如，在没有剔除误差较大的点对时，7 个点对的误差如表 5-4 中误差 7 所示，总体残差为 1 865 mm，当剔除误差过大的点对 A6 和 R6 时再次进行匹配，误差如表 5-4 中误差 6 所示，总体残差为 4.3 mm，满足进度监测的要求。

对整体点云数据通过与旋转矩阵乘积变换之后，就可以获得与现场施工坐标一致的点云模型。对应的旋转矩阵为

$$\boldsymbol{P}=\boldsymbol{TR}=\begin{bmatrix}1 & 0 & 0 & t_x\\0 & 1 & 0 & t_y\\0 & 0 & 1 & t_z\\0 & 0 & 0 & 1\end{bmatrix}\boldsymbol{R}=\begin{bmatrix}0.548 & -0.837 & 0 & 346.317\\0.837 & 0.548 & 0 & 97.745\\0 & 0 & 1 & 19.709\\0 & 0 & 0 & 1\end{bmatrix}$$

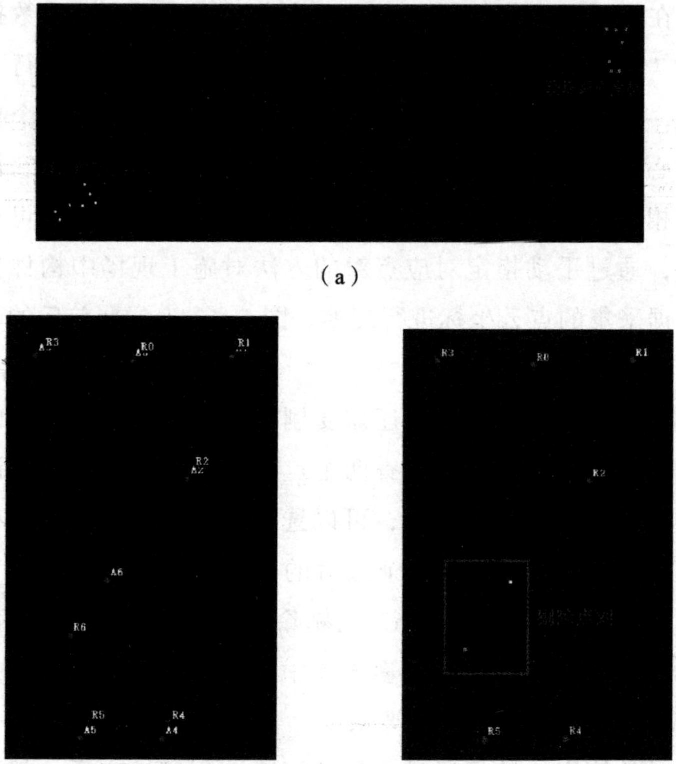

（a）

（b）　　（c）

图 5-13　配准前后变化图

（a）靶心配准前后坐标示意；（b）点对分布示意；（c）剔除点对示意

5.3.2　基于 BIM 设计模型定位

前面章节对点云数据与现场施工坐标进行了一致性匹配，本节将对在 5.1 节中创建的立柱的基于 BIM 设计模型进行坐标一致性匹配。

在 5.1 节中建立的基于 BIM 设计模型的位置坐标与项目施工现场的实际坐标不一致，因为在模型中只保存了柱形构件之间的相对位置关系，所以为了使基于 BIM 设计模型的位置坐标与施工现场坐标一致，需要在 Revit 软件中调整模型的相对位置，这就需要用到 Revit 软件中的坐标系变换。

Revit 软件包含三种类型的坐标系，它们分别是系统坐标系、项目坐标系、测量坐标系。在认识坐标系之前，首先需要了解与坐标系有关的三个点：内部原点、项目基点和测量点。内部原点是建模工作平面的中心，决定了在 Revit 软件中能画多大面积的模型。在 Revit 软件中建立的模型并不是可以无限大的，模型必须位于建模工作平面内。这个建模工作平面是以内部原点为圆心、32 km 为直径的圆。项目基点是项目坐标系的原点，项目基点的两根轴决定了项目坐标系的北 / 南和东 / 西坐标轴。测量点将真实世界的坐标引入项目中，它的一条轴线始终指向真实世界的正北方向。

（1）系统坐标系。根据前面的知识可知，系统坐标系是以内部原点为中心的。但是，它的北 / 南坐标轴和东 / 西坐标轴与项目基点的两根轴一致。而项目基点定义了项目坐标系，也就是说项目坐标系的北 / 南坐标轴和东 / 西坐标轴与系统坐标系一致。事实上，系统坐标系本质上就是建模工作平面，因此它决定了项目基点能够移动的范围。

（2）项目坐标系。如果把建模工作平面比喻为一块木板，项目基点就是这块木板上的一枚钉子，这枚钉子只能在木板上移动。项目基点有两种状态，它的回形针被打上斜杠的状态 (非剪裁状态) 与未被打上斜杠的状态 (剪裁状态)。当项目基点处于剪裁状态时，相当于项目基点这枚钉子钉在建模工作平面这块木板上，这个时候移动项目基点，也就是移动这枚钉子，木板也被带着移动。当项目基点处于未剪裁状态时，相当于项目基点这枚钉子从建模工作平面这块木板里拔了出来，这个时候项目基点可以自由移动，它的移动不会导致木板也跟着移动，但是它只能在木板范围内移动。

（3）测量坐标系。测量坐标系通过测量点将真实世界的坐标引入项目中。本质上来说，建立测量坐标系是第二种使建模工作平面包含项目的方法。第一种方法是通过移动剪裁状态的项目基点移动建模工作平面，使项目包含在建模工作平面内。除此之外，还可以通过不移动项目基点，而移动测量点将项目包含在建模工作平面内。因为测量点同样有两种状态：剪裁与非剪裁状态，也通过回形针不打上和打上斜杠进行切换。当测量点处于剪裁状态时，移动测量点，它的坐标值不会发生任何变化，但是项目基点的坐标值会随项目基点与测量点的远近而发生变化。当测量点处于非剪裁状态时，移动测量点，它的坐标值会发生变化，但是项目基点的坐标值不会随项目基点与测量点的远近而发生变化。

在了解 Revit 坐标系以后，首先，通过 Revit 软件“插入”中的“链接 CAD”将包含测量点的 DWG 文件导入，定位选项可以选择“自动 - 中心到中心”；其次，单击“管理”→“坐标”→“获取坐标”，将 DWG 文件中的地理信息系统坐标调取到 Revit 软件中，此时 Revit 软件会将测量点和项目基点对准 DWG 文件的几何中心；因为在建立基于 BIM 设计模型时考虑了测量点与轴网之间的相对位置关系，所以，最后移动项目基点使其与DWG文件中的测量点重合，可使基于BIM设计模型的位置坐标与施工现场真实坐标一致。

5.4 施工进度分析

当点云模型的坐标在各个维度上与施工现场实际坐标精确对齐，包括经度、纬度、高度等方面都完全一致时，并且基于BIM设计模型的坐标同样在对应的维度上与施工现场实际坐标完全匹配，确保了水平位置、垂直位置等方面的准确性。只有在这种情况下，点云模型和基于BIM设计模型的配准才算圆满完成。通过这种精确的坐标配准，我们可以确保点云模型和BIM设计模型在空间位置上的一致性，为后续的分析、模拟和决策提供可靠的基础。

假设在实际施工进程中，由于不可抗力因素，在第2根立柱之后现场施工时间延后2天，以此为例对施工进度进行分析。

5.4.1 计划进度

关注计划进度是施工管理的重要环节，通过关注计划进度，可以合理安排人力、材料和设备等资源，确保它们在需要的时候得到及时供应。它有助于确保施工过程的顺利进行，提高项目的成功率。

施工计划进度如图5-14所示，每天完成1根立柱的安装工作，第8根立柱开始安装时，第1根立柱开始表面涂装作业。安装和涂装每天均可完成1根立柱，总工期为15天。

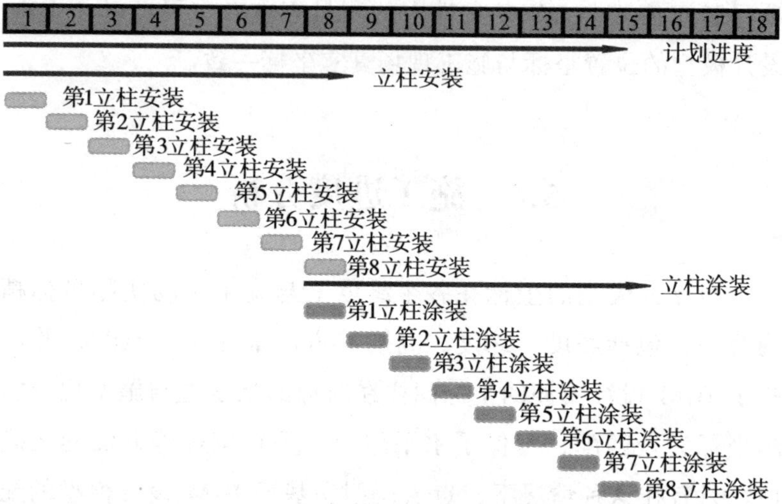

图 5-14　施工计划进度

5.4.2　实时进度监测

利用三维激光扫描仪对施工现场进行扫描获得点云数据，根据施工计划进度表，可以获得相应时间的基于 BIM 设计模型，将基于 BIM 设计模型和点云模型在 3D 视图中融合对比，可以实现对施工计划进度和实际进度的实时可视化监测与对比。以第 2 天、第 4 天、第 8 天、第 15 天为例，如图 5-15 所示。

实时进度监测对于施工项目的成功实施具有关键作用，根据实时进度数据，可以对原计划进行必要的调整，及时发现风险并采取应对措施，降低项目面临的风险，从而确保项目能够按时完成。

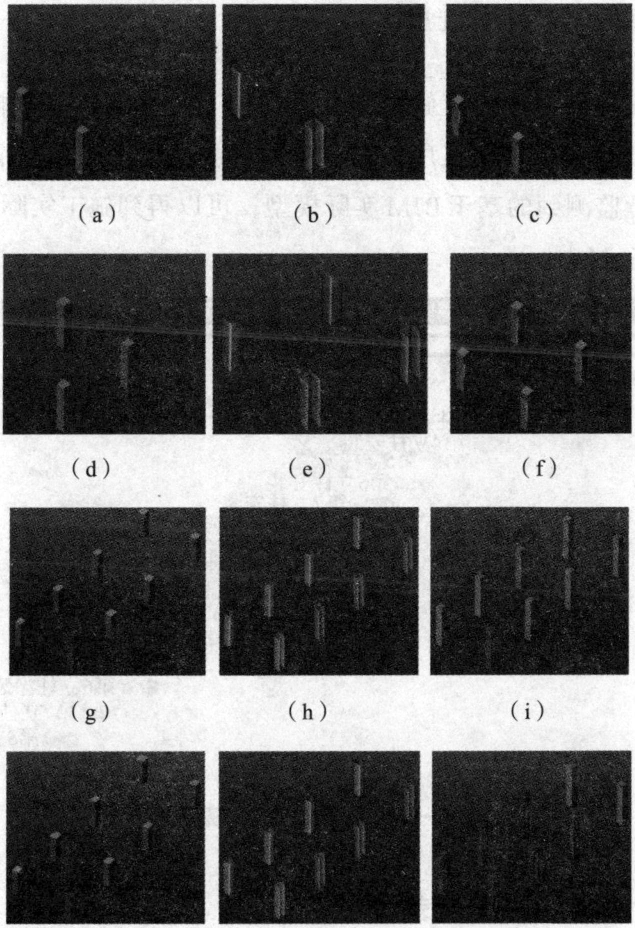

（a）　（b）　（c）

（d）　（e）　（f）

（g）　（h）　（i）

（j）　（k）　（l）

图 5-15　计划与实际进度模型对比

（a）第 2 天计划模型；（b）第 2 天实际模型；（c）第 2 天融合对比；（d）第 4 天计划模型；（e）第 4 天实际模型；（f）第 4 天融合对比；（g）第 8 天计划模型；（h）第 8 天实际模型；（i）第 8 天融合对比；（j）第 15 天计划模型；（k）第 15 天实际模型；（l）第 15 天融合对比

5.4.3 实际进度

立柱安装的进度偏差会对后续施工的进度产生影响，进度偏差会向后续的工序传递，进而影响整体的工期。根据系统运行监测到的基于BIM实际模型，可以得到施工实际进度，如图 5-16 所示。

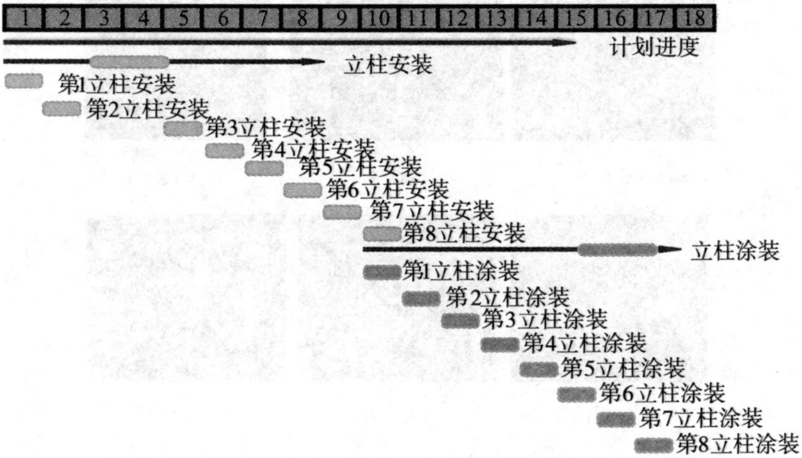

图 5-16　施工实际进度横道图

5.4.4 进度偏差分析

常用的进度比较方法有横道图法、S 型曲线法和赢得值法等，在完成施工实际进度的可视化监测后，本节拟分别采用三种方法对施工进度的偏差进行分析。

（1）横道图法。横道图法是将项目施工进程中获得的实际进度值，经过整理后采用横道线标注在计划进度横道线下方，进行项目实际进度与计划进度相比较的方法。因此，可以对监测到的施工实际进度和施工计划进度的横道图进行对比（见图 5-17），其中，黄色和绿色标注区域表示施工实际进度、橙色标注区域表示施工计划进度、灰色标注区域表示施工落后时间。从图中可以看出，每道工序的实际进度和计划进度之间的差值，项目实际总进度相对计划延后 2 天。

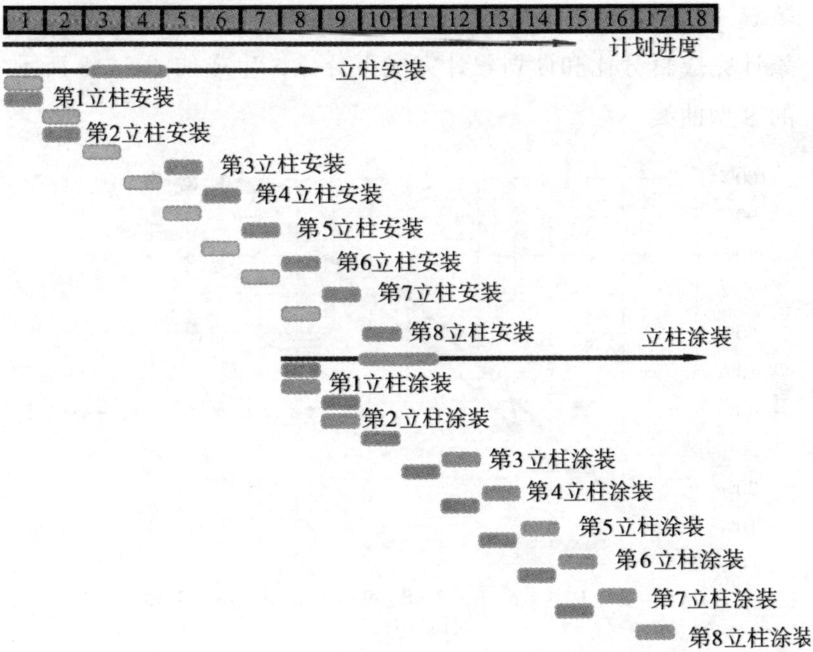

图 5-17　进度偏差比较横道图

（2）S 型曲线法。S 型曲线是一个以工期为横坐标，以累计完成工程量与实际总工程量的百分比为纵坐标的图表化曲线。它能够直观清晰地表示实际进度与计划进度间的动态关系，在工程项目总体进度的控制中被广泛使用。通过比较实际进度和计划进度的 S 型曲线，可以了解项目的进展情况，判断项目进度是超前还是延后，以及掌握项目超前或延后的工程量，还可以预测后期项目进度的发展趋势。

这里以混凝土凝固量为工程量来绘制 S 型曲线。根据基于 BIM 设计模型自动统计的工程量，可知总工程量为 193.939 m³。其中，立柱安装总工程量为 179.92 m³；立柱涂装总工程量为 14.019 m³。根据计算得到的项目施工进度实际累计完成百分比和计划累计完成百分比，生成如图 5-18 所示的 S 型曲线。

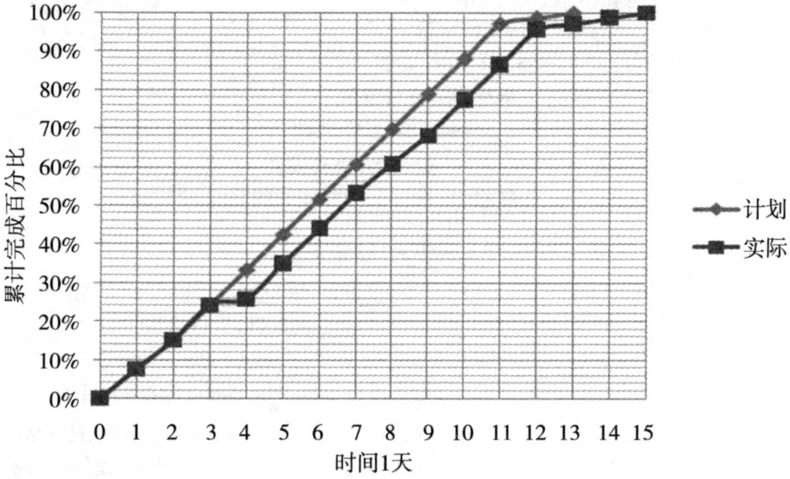

图 5-18　S 型曲线

由图 5-18 可知，从第 3 天起，项目施工的实际进度开始较计划进度有所落后；第 4 天，项目施工实际进度为 25.72%，计划进度为 36.98%，落后计划 11.26%，达到峰值；第 7 天，实际进度落后计划进度的工程量为 10.70%。

（3）赢得值法。赢得值法（EVM）是目前普遍使用的一种进度 - 成本联合监测方法。其统一以货币量对项目进度和成本进行度量，能够同步比较工程量的多少和费用的偏差，所以可以高效整合进度与成本之间的关系。赢得值法的基本参数有三个：计划工作预算费用（BCWS）、已完成工作预算费用（BCWP）和已完成工作实际费用（ACWP）；其评价指标有四种：费用偏差（CV）、进度偏差（SV）、费用绩效指数（CPI）和进度绩效指数（SPI）。通过对计划工作预算费用、已完成工作预算费用、已完成工作实际费用三个参数和费用偏差、进度偏差、费用绩效指数、进度绩效指数四个评价指标的测定和比较，能够准确掌握建设项目的进度、成本状况和趋势，从而可以对项目实行高效监控。

根据基于 BIM 设计模型自动统计的工程量，考虑到钢柱施工的计划单价和实际单价，可以利用赢得值法对钢柱的施工进行进度 - 成本分析。假设钢柱的安装实际单价为 550 000 元 / 根，涂装实际单价为 8 000 元 / 根，则按赢得值法分析的结果如表 5-5 和图 5-19 所示。

表 5–5　赢得值法分析表

时间 / 天	BCWS/ 千元	BCWP/ 千元	ACWP/ 千元	SV/ 千元	CV/ 千元
1	1 000	1 000	1 100	0	−100
2	2 000	2 000	2 200	0	−200
3	3 200	3 200	3 460	0	−260
4	4 400	3 400	3 620	−1 000	−220
5	5 600	4 600	4 880	−1 000	−280

（续表）

时间 / 天	BCWS/ 千元	BCWP/ 千元	ACWP/ 千元	SV/ 千元	CV/ 千元
6	6 800	5 800	6 140	−1 000	−340
7	8 000	7 000	7 400	−1 000	−400
8	9200	8 000	8 500	−1 200	−500
9	10 400	9 000	9 600	−1 400	−600
10	11 600	10 200	10 860	−1 400	−660
11	12 800	11 400	12 120	−1 400	−720
12	13 000	12 600	13 380	−400	−780
13	13 200	12 800	13 500	−400	−740
14	13 200	13 000	13 700	−200	−700
15	13 200	13 200	13 860	0	−660

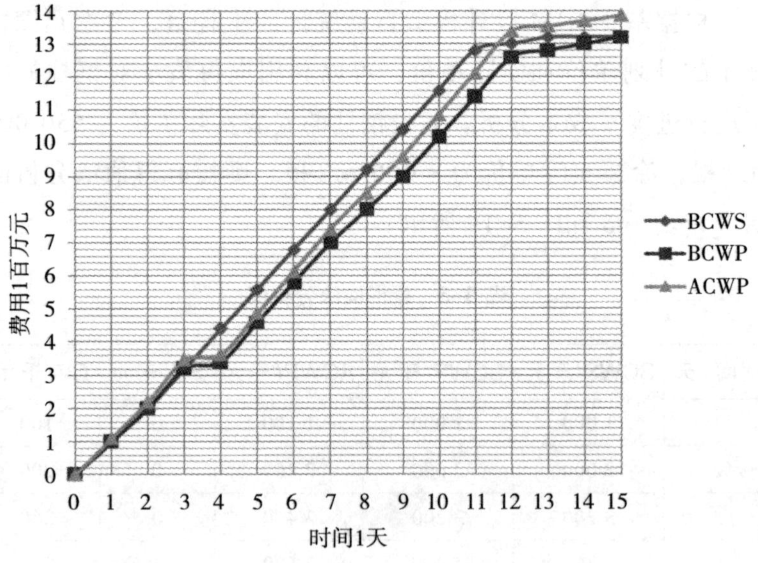

图 5-19 赢得值法分析结果图

5.5　本章小结

本章介绍了利用三维激光扫描技术获得点云模型和基于 BIM 设计模型，在装配式建筑施工进度监测中的应用，包括创建点云模型、设计 BIM、基于 BIM 设计模型的施工计划进度模拟、点云数据的预处理、点云模型与基于 BIM 设计模型配准、拟订有效的施工计划、基于 BIM 设计模型定位、实时进度监测和进度偏差分析等。

（1）介绍了预制梁和柱形构件的装配过程，以及基于 BIM 设计模型的施工计划进度模拟的施工进度的监测方法。通过创建装配式建筑的基于 BIM 设计模型和编制施工计划进度横道图，将基于 BIM 设计的三维模型和预测时间进度信息显示到四维模型里面，可以实时查看施工进度。

（2）介绍了基于点云模型的站点设置和点云数据的预处理，分别给出了构件数据扫描观测站位置设置和标准层数据扫描观测站位置设置的方法和注意事项，又阐述了点云数据的主要处理流程。

（3）介绍了点云模型和基于 BIM 设计模型的定位和配准的两种不同方式。首先，通过在点云中选取 7 个标靶纸靶心，在 CloudCompare 点云可视化软件中将其与现场靶心进行点对匹配，实现点云模型精确定位；然后，通过 Revit 软件中的链接模型坐标系链接 CAD 坐标，实现基于 BIM 设计模型的定位，完成点云模型和基于 BIM 设计模型的配准。

（4）对比点云模型和基于 BIM 设计模型，对施工进度进行可视化监测，分别使用横道图法、S 型曲线法和赢得值法对施工进度偏差的不同方面进行了分析。

参考文献

[1] 宋丽加 . 大跨度预应力混凝土连续梁悬臂施工控制研究 [D]. 成都 : 西南交通大学 , 2007.

[2] 姚晓飞 , 徐岳 , 刘士林 , 等 . 预制节段拼装混凝土桥墩力学性能研究进展 [J]. 公路 , 2013(5): 59-64.

[3] 王志强 , 葛继平 , 魏红一 , 等 . 节段拼装桥墩抗震性能研究进展 [J]. 地震工程与工程振动 , 2009, 29(4): 147-154.

[4] 张利铨 . 桥梁装配式预制技术研究综述 [J]. 华东公路 , 2015(5): 18-20.

[5] 林一宁 , 陈爱萍 . 跨海大桥的预制构件法施工 [J]. 世界桥梁 , 2002(4): 12-16.

[6] 包龙生 , 王娟 , 于玲 . 后张无粘结预应力装配式桥墩抗震性能分析 [J]. 沈阳建筑大学学报（自然科学版）, 2014, 30(3): 429-435.

[7] 布占宇 , 占陈文 , 石鑫磊 , 等 . 节段拼装混凝土桥墩抗震性能研究 [J]. 宁波大学学报（理工版）, 2011, 24(2): 83-88.

[8] 聂建国 , 余志武 . 钢 - 混凝土组合梁在我国的研究及应用 [J]. 土木工程学报 , 1999, 32(2): 3-8.

[9] 聂建国 , 陶慕轩 , 吴丽丽 , 等 . 钢 - 混凝土组合结构桥梁研究新进展 [J]. 土木工程学报 , 2012, 45(6): 110-122.

[10] 王达 . BIM 技术在桥梁全生命周期中的应用研究 [D]. 长春 : 吉林大学 , 2018.

[11] MOTAWA I, CARTER K. Sustainable BIM-based evaluation of buildings[J]. Procedia-Social and Behavioral Sciences, 2013, 74(1): 419-428.

[12] FRATERNALI F, DE CHIARA E, SKELTON R E. On the use of tensegrity structures for kinetic solar facades of smart buildings[J]. Smart Materials & Structures, 2015, 24(10): 105032.

[13] CHI H L, WANG X, JIAO Y. BIM-enabled structural design: impacts and future developments in structural modelling, analysis and optimisation processes[J]. Archives of Computational Methods in Engineering, 2015, 22(1): 135-151.

[14] PARK J H, HUH J, KIM K J, et al. Resistance factors calibration and its application using static load test data for driven steel pipe piles[J]. KSCE Journal of Civil Engineering, 2013, 17(5): 929-938.

[15] DAS M, CHENG J C, KUMAR S S. Social BIMCloud: a distributed cloud-based BIM platform for object-based lifecycle information exchange[J]. Visualization in Engineering, 2015, 3(1): 1-20.

[16] 燕迎新 . 桥梁信息化（BIM）施工碰撞检查应用研究 [D]. 重庆 : 重庆交通大学 , 2018.

[17] 清华大学软件学院 BIM 课题组．中国建筑信息模型标准框架研究 [J]. 土木建筑工程信息技术 , 2010, 2(2): 1-5.

[18] 周霜 , 黄振华．BIM 在中国的应用现状分析与研究 [J]．土木建筑工程信息技术 , 2014, 6(4): 24-29.

[19] 王家耀 . 空间信息系统原理 [M]. 北京 : 科学出版社 , 2001.
[20] 梁桂保 , 张友志 . 浅谈我国装配式住宅的发展进程 [J]. 重庆工学院学报 , 2006, 20(9): 50-52, 60.
[21] 刘长春 , 张宏 , 淳庆 , 等 . 新型工业化建筑模数协调体系的探讨 [J]. 建筑技术 , 2015, 46(3): 252-256.
[22] 周藤 . 建筑模数化设计的探索与工程实践 [J]. 建筑创作 , 2006(11): 118-121.
[23] 周晓红 . 模数协调与工业化住宅的整体化设计 [J]. 住宅产业 , 2011(6): 51-53.
[24] 杨晓旸 . 基于 PCa 技术的工业化住宅体系及设计方法研究 [D]. 大连 : 大连理工大学 , 2009.
[25] 李晓明 , 赵丰东 , 李禄荣 , 等 . 模数协调与工业化住宅建筑 [J]. 住宅产业 , 2009(12): 83-85.
[26] 开彦 . 模数协调原则及模数网格的应用 [J]. 住宅产业 , 2010(9): 36-38.
[27] KOTAJI S, SCHUURMANS A, EDWARDS S. Life-cycle assessment in building and construction: a state-of-the-art report[R]. Setac, 2003.
[28] MOTAMED A, HAMMAD A. Lifecycle management of facilities components using radio frequency identification and building information model[J].Electronic Journal of Information Technology in Construction, 2009, 14(18): 238-262.
[29] ERGEN E, AKINCI B, SACKS R.Life-cycle data management of engineered-to-order components using radio frequency

identification[J]. Advanced Engineering Informatics, 2007, 21(4): 356-366.

[30] 王廷魁，赵一洁，张睿奕，等. 基于 BIM 与 RFID 的建筑设备运行维护管理系统研究 [J]. 建筑经济，2013(11): 113-116.

[31] 郭学明. 装配式混凝土结构建筑的设计、制作与施工 [M]. 北京：机械工业出版社，2017.

[32] 张宏，朱宏宇，吴京，等. 构件成型·定位·连接与空间和形式生成：新型建筑工业化设计建造示例 [M]. 南京：东南大学出版社，2016.

[33] 常春光，杨爽，苏永玲. UNIFORMAT Ⅱ编码在装配式建筑 BIM 中的应用 [J]. 沈阳建筑大学学报（社会科学版），2015, 17(3): 279-283.

[34] 常春光，吴飞飞. 基于 BIM 和 RFID 技术的装配式建筑施工过程管理 [J]. 沈阳建筑大学学报（社会科学版），2015, 17(2): 170-174.

[35] 范玉，徐华，黄新，等. 新型装配式建筑构件生产及其施工技术的研究与应用 [J]. 混凝土与水泥制品，2015(12): 87-89.

[36] 齐宝库，李长福. 基于 BIM 的装配式建筑全生命周期管理问题研究 [J]. 施工技术，2014, 43(15): 25-29.

[37] AZHAR S, KHALFAN M, MAQSOOD T.Building information modeling(BIM): now and beyond[J]. Australasian Journal of Construction Economics and Building, 2015, 12(4): 15-28.

[38] 张德海，陈娜，韩进宇. 基于 BIM 的模块化设计方法在装配式建筑中的应用 [J]. 土木建筑工程信息技术，2014, 6(6): 81-85.

[39] 张超 . 基于 BIM 的装配式结构设计与建造关键技术研究 [D]. 南京 : 东南大学 , 2016.

[40] 张建平 . 基于 BIM 和 4D 技术的建筑施工优化及动态管理 [J]. 中国建设信息 , 2010(2): 18-23.

[41] ZHANG J P, HU Z Z. BIM-and 4D-based integrated solution of analysis and management for conflicts and structural safety problems during construction: 1. Principles and methodologies[J]. Automation in Construction, 2011, 20(2): 155-166.

[42] 李犁 . 基于 BIM 技术建筑协同平台的初步研究 [D]. 上海 : 上海交通大学 , 2012.

[43] 刘占省 , 赵明 , 徐瑞龙 . BIM 技术在建筑设计、项目施工及管理中的应用 [J]. 建筑技术开发 , 2013, 40(3): 65-71

[44] ARAM S, EASTMAN C, SACKS R. Requirements for BIM platforms in the concrete reinforcement supply chain[J]. Automation in Construction, 2013, 35: 1-17.

[45] KIM M K, CHENG J C P, SOHN H, et al. A framework for dimensional and surface quality assessment of precast concrete elements using BIM and 3D laser scanning[J]. Automation in Construction, 2015, 49: 225-238.

[46] 钱海 , 马小军 , 包仁标 , 等 . 基于三维激光扫 和 BIM 的构件缺陷检测技术 [J]. 计算机测量与控制 , 2016, 24(2): 14-17.

[47] 谭海亮 , 崔古月 , 郭旭 , 等 . 基于 BIM 的检测评定系统在钢筋混凝土框架结构中的应用 [J]. 建筑科学 , 2017, 33(9): 91-96.

[48] 颜斌 , 黄道军 , 文江涛 , 等 . 基于 BIM 的智能施工放样施工技术 [J]. 施工技术 , 2016(增刊 2): 606-608.

[49] 陈威 . 基于 BIM 模型放样及后处理在工程中的应用 [J]. 土木建筑工程信息技术 , 2016, 8(4): 85-88.

[50] 杜长亮 . BIM 和 AR 技术结合在施工现场的应用研究 [D]. 重庆 : 重庆大学 , 2014.

[51] 徐民彦 . 结构设计绘图方法的改革与突破 [J]. 科技信息 , 2010(2): 15.

[52] ZHONG R Y, PENG Y, XUE F, et al. Prefabricated construction enabled by the Internet-of-Things[J]. Automation in Construction, 2017, 76: 59-70.

[53] 韩春华 , 易思蓉 , 杨扬 . 基于最优路径分析的线路初始平面自动生成方法 [J]. 西南交通大学学报 , 2011, 46(2): 252-258.

[54] 宋小冬 , 叶嘉安 , 钮心毅 . 地理信息系统及其在城市规划与管理中的应用 [M]. 北京 : 科学出版社 , 2010.

[55] 陈国柱 . GIS 技术和数字化测绘技术的发展及其在工程测量中的应用 [J]. 科技创新导报 , 2011(26): 111.

[56] LI H, KONG C W, PANG Y C, et al. Internet-based geographical information systems system for E-commerce application in construction material procurement[J]. Journal of Construction Engineering and Management, 2003, 129(6): 689-697.

[57] YU T. Supplier selectionin constructing logistics service supply chain[J].Systems Engineering-theory & Practice, 2003(5): 39-53.

[58] MA Z Y, SHEN Q P, ZHANG J P. Application of 4D for dynamic site layout and management of construction projects[J]. Automation in Construction, 2005, 14(3): 369-381.

[59] WANG T K, ZHANG Q, CHONG H Y, et al. Integrated supplier selection framework in a resilient construction supply chain: anapproach via analytic hierarchy process(AHP) and grey relational analysis (GRA)[J]. Sustainability, 2017, 9(2): 289–314.

[60] 郑云 , 苏振民 , 金少军 . BIM–GIS 技术在建筑供应链可视化中的应用研究 [J]. 施工技术 , 2015, 44(6): 59–63, 116.

[61] IRIZARRY J, KARAN E P, JALAEI F. Integrating BIM and GIS to improve the visual monitoring of construction supply chain management[J]. Automation in Construction, 2013, 31: 241–254.

[62] CASTRO–LACOUTURE D, MEDAGLIA A L, SKIBNIEWSKI M. Supply chain optimization tool for purchasing decisions in B2B construction marketplaces[J]. Automation in Construction, 2007, 16(5): 569–575.

[63] NASIR H, HAAS C T, YOUNG D A, et al. Erratumto an implementation model for automated construction materials tracking and locating[J].Canadian Journal of Civil Engineering, 2010, 37(4): 588–599.

[64] 沈兰荪 . 数据采集技术 [M]. 合肥 : 中国科学技术大学出版社 , 1990.

[65] LI H, CHAN G, WONG J K W, et al. Real–time locating systems applications in construction[J]. Automation in Construction, 2016, 63: 37–47.

[66] VÄHÄ P, HEIKKILÄ T, KILPELÄINEN P, et al. Extending automation of building construction–Survey on potential sensor

technologies and robotic applications[J].Automationin Construction, 2013, 36: 168–178.

[67] CHEN K, LU W S, PENG Y, et al. Bridging BIM and building: from a literature review to an integrated conceptual framework[J]. International Journal of Project Management, 2015, 33(6): 1405–1416.

[68] ZHONG R Y, PENG Y, XUE F, et al. Prefabricated construction enabled by the Internet-of-Things[J]. Automation in Construction, 2017, 76: 59–70.

[69] BECERIK-GERBER B, JAZIZADEH F, LI N, et al. Application areas and data requirements for BIM-enabled facilities management[J]. Journal of Construction Engineering and Management, 2012, 138(3): 431–442.

[70] YOON J S, SAGONG M, LEE J S, et al. Feature extraction of a concrete tunnel liner from 3D laser scanning date [J]. NDT & E International, 2009, (42): 97–105.

[71] LIU J D, ZHANG Q L, WU J, et al. Dimensional accuracy and structural performance assessment of spatial structure components using 3D laser scanning[J]. Automation in Construction, 2018, 96: 324–336.

[72] YANG H, XU X Y, NEUMANN I. The benefit of 3D laser scanning technology in the generation and calibration of FEM models for health assessment of concrete structures[J]. Sensors , 2014, 14(11): 21889–21904.

[73] BOSCHÉ F, HAAS C T, AKINCI B. Automated recognition of 3D CAD objects in site laser scans for project 3D status visualization and performance control[J]. Journal of Computing in Civil Engineering, 2009, 23(6): 311-318.

[74] BOSCHE F. Automated recognition of 3D CAD model objects in laser scans and calculation of as-built dimensions for dimensional compliance control in construction[J]. Advanced Engineering Informatics, 2010, 24(1): 107-118.

[75] YOON S, WANG Q, SOHN H. Optimal placement of precast bridge deck slabs with respect to precast girders using 3D laser scanning[J]. Automation in Construction, 2018, 86: 81-89.

[76] AKINCI B, BOUKAMP F, GORDON C, et al. A formalism for utilization of sensor systems and integrated project models for active construction quality control[J]. Automation in Construction, 2006, 15(2): 124-138.

[77] HAN S, CHOE H, KIM S, et al. Automated and efficient method for extraction of tunnel cross sections using terrestrial laser scanned data[J]. Journal of Computing in Civil Engineering, 2013, 27(3): 274-281.

[78] GORDON S, LICHTI D. Modeling terrestrial laser scanner data for precise structural deformation measurement[J]. Journal of Survering Engineering, 2007, 133(2): 72-80.

[79] PARK H S, LEE H M, ADELI H, et al. A new approach for health monitoring of structure: terrestrial laser scanning[J]. Computer-Aided Civil and Infrastructure Engineering, 2007, 22(1): 19-30.

[80] TANG P, HUBER D, AKINCI B. Characterization of laser scanners and algorithms for detection flatness defects on concrete surfaces[J]. Journal of Computing in Civil Engineering, 2011, 25(1): 31-42.
[81] LI F X, KIM M K. Mirror-aided registration-free geometric quality inspection of planar-type prefabricated elements using terrestrial laser scanning[J]. Automation in Construction, 2021, 121: 103442.
[82] QIU Q, WANG M J, TANG X Y, et al. Scan planning for existing buildings without BIM based on user-defined data quality requirements and genetic algorithm[J]. Automation in Construction, 2021, 130: 103841.
[83] SHARIF M M, HAAS C, WALBRIDGE S. Using termination points and 3D visualization for dimensional control in prefabrication[J]. Automation in Construction, 2022, 133: 103998.
[84] 左自波，黄玉林，周虹，等．基于 3D 激光扫描的建筑预制构件质量检测系统：201621118267[P]. 2017. 09. 08.
[85] 周克勤，吴志群．三维激光扫描技术在特异型建筑构件检测中的应用探讨 [J]. 测绘通报，2011(8): 42-44, 56.
[86] 龚剑，左自波，黄玉林，等．基于 3D 扫描的超高层建筑施工偏差数字化检验系统及方法：2017105229010[P].2020.07.07.
[87] 徐晓珂．三维激光扫描技术在装配式建筑中的应用研究 [C]// 中国土木工程学会计算机应用分会，中国图学学会土木工程图学分会，中国建筑学会建筑结构学会计算机应用专业委员会．大数据时代工程建设与管理：第五届工程建设计算机应用创新论坛论文集．上海：2015.

[88] 刁晓翔 . 装配式建筑预制构件生产安装质量控制和信息管理技术研究与探索 [J]. 住宅产业 , 2020(10): 100-107.

[89] 许良梅 , 王友光 , 田朋飞 , 等 . 三维激光扫描技术在施工精准控制中的应用与研究 : 以装配式钢结构建筑为例 [J]. 安徽建筑 , 2019, 26(10): 118-119.

[90] 潘峰 , 徐大为 , 左自波 . 3D 扫描技术在超长混凝土结构施工精度控制中的应用 [J]. 建筑施工 , 2019, 41(12): 2226-2228.

[91] 程笑 , 冯国军 , 樊警雷 . 基于 BIM 技术的复杂建筑结构三维激光扫描验收 [J]. 施工技术 , 2019, 48 (增刊 1): 369-371.

[92] 高腾 , 陈刚 , 季峰 , 等 . 三维激光扫描技术在钢结构构件数字拟合中的应用 [J]. 施工技术 , 2018, 47(增刊 1): 977-979.

[93] 王伟 , 许学良 , 马伟斌 , 等 . 三维激光扫描技术在隧道钢波纹板套衬加固中的应用研究 [J]. 隧道建设 , 2020, 40(增刊 1): 423-428.

[94] 王涛 , 戴超 , 袁渊 , 等 . 基于三维激光扫描 + BIM 技术的施工质量精确控制施工技术 [C]// 中国建筑集团有限公司 , 中国建设科技集团股份有限公司 , 中国建筑学会工程建设学术委员会 . 第四届高层与超高层建筑论坛暨 2019 中国建筑学会工程建设学术委员会年会论文集 . 武汉 : 2019.

[95] 茹高明 , 戴立先 , 王剑涛 . 基于 BIM 的空间钢结构拼装及模拟预拼装尺寸检测技术研究与开发 [J]. 施工技术 , 2018, 47(15): 78-81, 142.

[96] 丁科翔 , 刘思雨 , 范春帅 , 等 . 装配式桥梁 BIM 技术的研究 [J]. 城市建筑 , 2020, 17(32): 181-183.

[97] 李华 . 装配式市政桥梁设计管理中 BIM 技术的应用探讨 [J]. 建材与装饰 , 2020(10): 252–253.

[98] 覃晓康 . 简析 BIM 技术在装配式桥梁工程中的运用 [J]. 低碳世界 , 2022, 12(3): 144–146.

[99] 陈文宝 , 魏志松 , 张航 , 等 .BIM 技术在装配式桥梁工程中的应用 [J]. 北京交通大学学报 , 2019, 43(4): 65–70.

[100] 文哲思 , 龙绍海 , 黄晓虹 , 等 . 装配式钢 – 混组合梁桥 BIM 参数化建模及应用 [J]. 智能城市 , 2021, 7(21): 138–142.

[101] 梁波 . 基于 BIM 技术的建筑能耗分析在设计初期的应用研究 [D]. 重庆 : 重庆大学 , 2014.

[102] 王丽园 , 陈楚江 , 余飞 . 基于 BIM 的公路勘察设计与实践 [J]. 中外公路 , 2016, 36(3): 342–346.

[103] 杜书波．BIM 技术标准研究 : 以 BIM 芬兰标准为例 [J]. 青岛理工大学学报 , 2012, 33(1): 67–70.

[104] 缪学勇 .BIM 技术在装配式桥梁设计与施工中的应用 [J]. 四川建材 , 2022, 48(10): 179–181.

[105] 郑华海 , 刘匀 , 李元齐 .BIM 技术研究与应用现状 [J]. 结构工程师 , 2015, 31(4): 233–241.

[106] 何关培 .BIM 和 BIM 相关软件 [J]. 土木建筑工程信息技术 , 2010, 2(4): 110–117.

[107] 何清华 , 钱丽丽 , 段运峰 , 等 .BIM 在国内外应用的现状及障碍研究 [J]. 工程管理学报 , 2012, 26(1): 12–16.

[108] 王占飞 , 冯瑾 , 梁伟 , 等 .BIM 虚拟施工技术在装配式钢结构桥梁中的应用研究 [J]. 北方交通 , 2020(7): 9–13.

[109] 白庶，张艳坤，韩凤，等.BIM 技术在装配式建筑中的应用价值分析 [J]. 建筑经济，2015, 36(11): 106-109.

[110] 王璠，黄清泉，许敦悦，等.BIM 技术在建筑施工全过程中的应用与分析 [J]. 工程技术研究，2019(22): 32-33.

[111] 蓝建勋，洪志城，曾金亮. 某航空总部大厦数字化装配式装修施工技术 [J]. 广东土木与建筑，2020, 27(7): 76-80.

[112] 孙徐明.BIM 技术在大型预制装配式桥梁工程施工中的综合应用 [J]. 建设机械技术与管理，2022, 35(6): 114-118.

[113] 齐红状. BIM 技术在雄安雄东 A 社区市政桥梁施工中的应用 [D]. 石家庄：石家庄铁道大学，2022.

[114] 康荔. ZC-1 型无人机航空摄影大比例尺数字化成图的精度影响与分析 [D]. 西安：西安科技大学，2018.

[115] 田慧枫，牛天培，张利明，等. 倾斜摄影与 BIM 技术在公路大中修工程中的研究与应用 [J]. 交通节能与环保，2023, 19(1): 145-149.

[116] 李金龙，王欣南，陈中治，等.BIM 技术在公路桥梁设计中的应用浅析 [J]. 低温建筑技术，2019, 41(2): 67-69.

[117] 张建平，李丁，林佳瑞，等.BIM 在工程施工中的应用 [J]. 施工技术，2012, 41(16): 10-17.

[118] 曾凝霜，刘琰，徐波. 基于 BIM 的智慧工地管理体系框架研究 [J]. 施工技术，2015, 44(10): 96-100.

[119] 王要武，吴宇迪. 智慧建设理论与关键技术问题研究 [J]. 科技进步与对策，2012, 29(18): 13-16.

[120] 毛志兵 . 推进智慧工地建设 助力建筑业的持续健康发展 [J]. 工程管理学报 , 2017, 31(5): 80-84.

[121] 高瑞 , 武乐佳 , 刘渝琳 , 等 . 智慧工地在大型交通枢纽项目中的应用 [J]. 施工技术 , 2022, 51(23): 27-30, 38.

[122] 张银博 , 马莲霞 , 李耀业 . 基于红外光谱的沥青常规物理指标预测匹配性研究 [J]. 湖南交通科技 , 2022, 48(1): 13-15.

[123] 张会霞 , 朱文博 . 三维激光扫描数据处理理论及应用 [M]. 北京 : 电子工业出版社 , 2012.

[124] 路兴昌 , 宫辉力 , 赵文吉 , 等 . 基于激光扫描数据的三维可视化建模 [J]. 系统仿真学报 , 2007, 19(7): 1624-1629.

[125] 史友峰 , 高西峰 . 三维激光扫描系统在地形测量中的应用 [J]. 山西建筑 , 2007, 33(12): 347-348.

[126] 张爱琳 , 梁爽 , 李璐 . BIM-3D 扫描集成在装配式建筑施工现场的应用研究 [J]. 内蒙古科技大学学报 , 2018, 37(3): 298-302.

[127] PATIL A K, HOLI P, LEE S K, et al. An adaptive approach for the reconstruction and modeling of as-built 3D pipelines from point clouds[J]. Automation in Construction, 2017, 75(5): 65-78.

[128] 刘柯欣 , 张津铭 . 试论三维激光扫描技术在建筑基坑施工检测中的应用 [J]. 建材发展导向 , 2018(21): 220.

[129] 谢宏全 . 地面三维激光扫描技术与工程应用 [M]. 武汉 : 武汉大学出版社 , 2013.

[130] MAALEK R, LICHTI D D, WALKER R, et al. Extraction of pipes and flanges from point clouds for automated verification of pre-fabricated modules in oil and gas refinery projects[J].Automation in Construction, 2019, 103: 150-167.

[131] ESFAHANI M E, RAUSCH C, SHARIF M M, et al. Quantitative investigation on the accuracy and precision of scan-to-BIM under different modelling scenarios[J]. Automation in Construction, 2021, 126: 103686.

[132] 中华人民共和国住房和城乡建设部 . 装配式混凝土建筑技术标准 : GB/T 51231—2016[S]. 北京 : 中国建筑工业出版社 , 2017.

[133] LIU Y, CHENG J C P, WANG Q. Semi-automated generation of parametric BIM for steel structures based on terrestrial laser scanning data[J]. Automation in Construction, 2020, 112: 103037.

[134] 杜永军 , 王新雅 , 吴文清 , 等 . 激光点云用于预制构件尺寸检测的方法研究 [J]. 现代交通技术 , 2022, 19(4): 39-45.

[135] 何肖斌 , 吴正思 , 谢润 , 等 . 基于图像的桥梁裂缝几何特征提取方法研究 [J]. 工程与建设 , 2022, 36(6): 1573-1576.

[136] 朱宗玖 , 裴善强 , 周之琪 , 等 . 三维数据降维处理的实现方法 [J]. 光电子 · 激光 , 2020, 31(1): 89-95.

[137] 庞世燕 , 刘亚文 , 左志奇 , 等 . 结合区域增长法和 TIN 边缘分割的建筑物立面几何特征提取 [J]. 武汉大学学报 · 信息科学版 , 2015, 40(1): 102-106.

[138] 张长勇 , 饶瑞 . 阶梯垛型点云边界快速提取方法研究 [J]. 包装工程 , 2022, 43(17): 190-195.

[139] 常少帅 . 基于模板分类的直线检测方法 [D]. 大连 : 大连理工大学 , 2020.

[140] 高冶 . 基于 RCF 网络的图像边缘特征提取 [J]. 信息与电脑 , 2022(24): 75-77.

[141] 贾丁凡, 谢晓尧, 刘嵩. 基于法向量和投影平面的点云特征提取方法 [J]. 重庆科技学院学报 (自然科学版), 2021, 23(3): 84–88.

[142] 张燕咏, 张莎, 张昱, 等. 基于多模态融合的自动驾驶感知及计算 [J]. 计算机研究与发展, 2020, 57(9): 1781–1799.

[143] 刘致远, 侯至群, 朱大明, 等. 地下管廊特征保持的三维点云数据精简研究 [J]. 软件, 2020, 41(8): 110–115.

[144] 王丽辉, 袁保宗. 三维散乱点云模型的特征点检测 [J]. 信号处理, 2011, 27(6): 932–938.

[145] 赵春海. 三维点云数据邻域搜索与特征描述子提取算法研究 [D]. 秦皇岛: 燕山大学, 2015.

[146] 韩玉川, 侯贺, 白云瑞, 等. 一种基于边缘系数的闭合点云边缘提取算法 [J]. 激光与光电子学进展, 2018, 55(11): 161–166.

[147] 周静, 董子昊, 任佳颖, 等. 基于多尺度边缘拟合的陶瓷过滤网质量检测方法 [J]. 光子学报, 2021, 50(11): 165–176.

[148] 谭仁虎, 胡小平, 彭向前, 等. 一种基于轮廓边缘的直线拟合算法 [J]. 传感技术学报, 2022, 35(3): 376–382.

[149] 刘存泰, 郑德华, 王浩, 等. 基于残差分布定权的 *M* 估计球形点云拟合方法 [J]. 工程地球物理学报, 2022, 19(6): 893–900.

[150] 张宗华, 王森, 王宇莹, 等. 基于编码环带径向直线拟合的圆环编码标志点中心提取方法 [J]. 激光与光电子学进展, 2020, 57(7): 212–220.

[151] 杨建中, 赵本省, 李楠. 预制构件安装尺寸偏差分析与控制 [J]. 施工技术 (中英文), 2021, 50(15): 137–142.

[152] 冯腾 . 基于三维激光扫描的建筑物垂直度监测研究 [D]. 唐山 : 华北理工大学 , 2016.

[153] 郑钦佳 . 三种管桩垂直度自动监测方法 [J]. 广东造船 , 2023(1): 90-93, 96.

[154] 王二民 , 郭际明 , 杨飞 , 等 . 利用三维激光扫描技术检测建筑物平整度及垂直度 [J]. 测绘通报 , 2019(6): 85-88.

[155] 李广 , 吴长悦 , 冯腾 , 等 . 基于三维激光扫描技术的建筑物墙面平整度检测 [J]. 山西建筑 , 2017, 43(11): 204-205.

[156] 陶诗君 , 汤伟 , 于文韬 . 预制装配墩柱的特点与施工工艺 [J]. 公路 , 2021(3): 132-135.

[157] 陈士杰 , 张森林 , 刘姝琴 , 等 . 基于改进 Delaunay 三角剖分的水下地形三维重建算法 [J]. 计算机科学 , 2020, 47(11): 137-141.

[158] LAWSON C L. Properties of n-dimensional triangulations[J]. Computer Aided Geometric Design, 1986, 3(4): 231-246.

[159] REBAY S. Efficient unstructured mesh generation by means of delaunay triangulation and bowyer-watson algorithm[J]. Journal of Computational Physics, 1993, 106(1): 125-138.

[160] SLOAN S W. A fast algorithm for constructing Delanuay triangulations in the plane[J].Advances in Engineering Software, 1987, 9(1): 34-55.

[161] 骆冠勇 , 曹洪 . 一种网格和节点同步生成的二维 Delaunay 网格划分算法 [J]. 计算机辅助设计与图形学学报 , 2007, 19(5): 604-608, 615.

[162] 夏少芳，陈立潮，刘佳．基于虚拟网格的高效 Delaunay 三角网生成算法研究 [J]. 计算机工程与设计，2009, 30(1): 238-240, 250.

[163] EDELSBRUNNER H, KIRKPATRICK D G, SEIDEL R. On the shape of a set of points in the plane [J]. IEEE Transactions on Information Theory, 1983, 29(4): 551-559.

[164] 陈义仁，王一宾，彭张节，等．一种改进的散乱点云边界特征点提取算法 [J]. 计算机工程与应用 ,2012, 48(23): 177-180, 190.

[165] 吴昊．海上风电单桩基础直线度测量最小二乘空间圆拟合法 [J]. 水道港口，2022, 43(5): 683-688.

[166] 王成，马莲霞．多年冻土区隧道施工过程中围岩融化圈变化规律研究 [J]. 湖南交通科技，2021, 47(3): 87-92.

索 引